Delícias da China para Iniciantes

Aprenda a Cozinhar Pratos Tradicionais com Facilidade

Li Wei

contente

Camarões com molho de lichia 9
Camarões fritos com tangerinas 10
Camarão com mangetout 11
Camarão com cogumelos chineses 12
Refogue o camarão e as ervilhas 13
Camarões com chutney de manga 15
camarão à Pequim 17
camarões com páprica 18
Camarão frito com carne de porco 18
Camarão frito com molho Sherry 20
Camarão frito com gergelim 21
Camarão cozido na casca 22
Camarão frito 23
tempurá de camarão 24
Goma de mascar 25
camarão com tofu 26
camarão com tomate 27
Camarões com molho de tomate 28
Camarão com molho de tomate e pimenta 29
Camarão frito com molho de tomate 30
camarões com legumes 31
Camarão com castanhas d'água 32
camarão 33
abalone com frango 34
Abalone com espargos 35
Abalone com cogumelos 37
Abalone com molho de ostra 38
amêijoas cozidas no vapor 39
Mexilhões com broto de feijão 39
Mexilhões com gengibre e alho 41
amêijoas fritas 42
bolos de caranguejo 43

pudim de caranguejo 44
carne de caranguejo folha chinesa 45
Caranguejo Foo Yung com brotos de feijão 46
caranguejo com gengibre 47
Caranguejo Lo Mein 48
Caranguejos fritos com carne de porco 50
Caranguejo cozido no vapor 51
bolinhos de lula fritos 52
lagosta cantonesa 53
lagosta frita 54
Lagosta ao vapor com presunto 55
lagosta com cogumelos 56
Cauda de lagosta com carne de porco 57
lagosta frita 58
ninhos de lagosta 59
Mexilhões em molho de feijão preto 60
mexilhões com gengibre 62
Mexilhões cozidos 64
ostras fritas 65
Ostras com bacon 66
Ostras fritas com gengibre 67
Ostras com molho de feijão preto 68
Vieiras com brotos de bambu 69
vieiras com ovos 70
vieiras com brócolis 71
vieiras com gengibre 73
vieiras com presunto 74
Ovos mexidos com vieiras e ervas 75
Mexilhões assados e cebolas 76
vieiras com legumes 77
vieiras com páprica 78
Lula com broto de feijão 79
Calamari frito 81
embalagem de lula 82
rolo de lula frita 84
Calamari frito 85

Lula com cogumelos secos 86
Lula com legumes 87
Carne guisada com anis 88
Vitela com espargos 89
Carne com broto de bambu 90
Carne com brotos de bambu e cogumelos 91
carne assada chinesa 92
Carne com broto de feijão 93
carne com brócolis 94
Carne com gergelim e brócolis 95
Carne grelhada 97
carne cantonesa 98
Vitela com cenoura 99
Carne com castanha de caju 100
Caçarola de carne de fogão lento 101
Carne com couve-flor 102
Vitela com aipo 103
Fatias de carne assada com aipo 104
Carne ralada com frango e aipo 105
Carne com Chile 106
Repolho Chinês 108
bife suey 109
Vitela com pepino 110
Beef Chow Mein 111
filé de pepino 113
carne assada ao curry 114
presunto cozido no vapor 116
bacon com repolho 117
Frango com amêndoas 118
Frango com amêndoas e castanha de água 120
Frango com amêndoas e legumes 121
frango anis 123
frango com damasco 124
frango com espargos 125
frango com berinjela 126
Rolinho De Frango Com Bacon 127

Frango com broto de feijão *128*
Frango com molho de feijão preto *129*
frango com brócolis *130*
Frango com repolho e amendoim *131*
Frango com caju *132*
frango com castanha *134*
Frango apimentado *135*
Frango assado com pimenta *137*
Chicken Suey *139*
chow mein de frango *141*
Frango picante crocante *143*
Frango assado com pepino *145*
curry de frango *147*
caril de frango chinês *148*
caril de frango rápido *149*
Caril de frango com batatas *150*
pernas de frango frito *151*
Frango assado com molho curry *152*
galinha bêbada *153*
Frango salgado com ovos *155*
rolo de ovo de galinha *157*
Frango cozido no vapor com ovo *159*
Frango do Extremo Oriente *161*
Frango Foo Yung *162*
Presunto e Frango Foo Yung *163*
Frango assado com gengibre *164*
frango com gengibre *165*
Frango com gengibre com cogumelos e castanha *166*
frango dourado *167*
Ensopado de frango marinado Dorado *168*
Moedas de ouro *170*
Frango cozido no vapor com presunto *171*
Frango com molho Hoisin *173*
pintinho de mel *175*
frango kung pao *176*
frango com alho-poró *177*

frango com limão *178*
Refogue o frango com limão *180*
Fígado de galinha com brotos de bambu *182*
fígado de frango frito *183*
Fígado de Frango com Mangetout *184*
Macarrão de fígado de galinha com panquecas *185*
Fígado de Frango com Molho de Ostra *185*
Fígado de Frango com Abacaxi *186*
Fígado de galinha agridoce *188*
frango com lichia *189*
Frango com molho de lichia *190*
Frango com manjericão *192*
frango com manga *193*
Melão recheado com frango *195*
Frango assado e cogumelos *196*
Frango com cogumelos e amendoim *197*
Frango assado com cogumelos *199*
Frango ao vapor com cogumelos *201*
frango com cebola *202*
Frango com laranja e limão *203*
Frango com molho de ostra *204*
pacotes de frango *205*
frango com avelã *206*
Frango Manteiga De Amendoim *207*
frango com ervilha *209*
frango a pequim *210*
frango com páprica *211*
Frango assado com páprica *213*
frango e abacaxi *215*
Frango com abacaxi e lichia *216*
Frango com carne de porco *217*
Ovos estufados com presunto e peixe *219*
Ovos estufados com carne de porco *220*

Camarões com molho de lichia

para 4 pessoas

50 g / 2 oz / ¬Ω um copo (para todos os fins)
Farinha
2,5 ml / ¬Ω colher de chá de sal
1 ovo, levemente batido
30 ml / 2 colheres de sopa de água
450 g / 1 lb camarão descascado
óleo para fritar
30 ml / 2 colheres de sopa de óleo de amendoim
2 fatias de raiz de gengibre picada
30 ml / 2 colheres de sopa de vinagre de vinho
5 ml / 1 colher de chá de açúcar
2,5 ml / ¬Ω colher de chá de sal
15 ml / 1 colher de sopa de molho de soja
200 g de lichias em conserva, escorridas

Bata a farinha, o sal, o ovo e a água, acrescente um pouco mais de água se necessário. Misture com o camarão até ficar bem coberto. Aqueça o óleo e frite os camarões até ficarem crocantes e dourados em poucos minutos. Escorra em papel de cozinha e coloque na placa de aquecimento. Enquanto isso, aqueça o óleo e frite o gengibre por 1 minuto. Adicione o vinagre de vinho, o açúcar, o sal e o molho de soja. Adicione as lichias e mexa até ficar quente e coberto com o molho. Despeje sobre os camarões e sirva imediatamente.

Camarões fritos com tangerinas

para 4 pessoas

60 ml / 4 colheres de sopa de óleo de amendoim

Esmagar 1 dente de alho

1 fatia de raiz de gengibre, picada

450 g / 1 lb camarão descascado

30 ml / 2 colheres de sopa de vinho de arroz ou xerez seco 30 ml / 2 colheres de sopa de molho de soja

15 ml / 1 colher de sopa de farinha de milho (amido de milho)

45 ml / 3 colheres de sopa de água

Aqueça o óleo e frite o alho e o gengibre até dourar levemente. Adicione o camarão e frite por 1 minuto. Adicione vinho ou xerez e misture bem. Adicione o molho de soja, o amido de milho e a água e frite por 2 minutos.

Camarão com mangetout

para 4 pessoas

5 cogumelos chineses secos
225 g de rebentos de feijão
60 ml / 4 colheres de sopa de óleo de amendoim
5 ml / 1 colher de chá de sal
2 talos de aipo picados
4 cebolinhas, picadas
2 dentes de alho, picados
2 fatias de raiz de gengibre picada
60 ml / 4 colheres de sopa de água
15 ml / 1 colher de sopa de molho de soja
15 ml / 1 colher de sopa de vinho de arroz ou xerez seco
225g/8 onças de ervilhas tortas
225 g / 8 onças de camarão descascado
15 ml / 1 colher de sopa de farinha de milho (amido de milho)

Mergulhe os cogumelos em água morna por 30 minutos e depois filtre. Descarte os talos e corte as pontas. Escalde os brotos de feijão em água fervente por 5 minutos e escorra bem. Aqueça metade do óleo e frite o sal, o aipo, a cebolinha e o broto de feijão por 1 minuto, depois retire da panela. Aqueça o óleo restante e frite o alho e o gengibre até dourar levemente. Adicione metade da água, molho de soja, vinho ou xerez, ervilhas e camarão, leve para ferver e cozinhe por 3 minutos. Misture o fubá com o restante da água até virar uma pasta, misture na panela e cozinhe até o molho engrossar. Retorne os legumes para a panela e refogue até aquecer. Sirva imediatamente.

Camarão com cogumelos chineses

para 4 pessoas

8 cogumelos chineses secos
45 ml / 3 colheres de sopa de óleo de amendoim (amendoim)
3 fatias de raiz de gengibre, moídas
450 g / 1 lb camarão descascado
15 ml / 1 colher de sopa de molho de soja

5 ml / 1 colher de chá de sal
60 ml / 4 colheres de sopa de suco de peixe

Mergulhe os cogumelos em água morna por 30 minutos e depois filtre. Descarte os talos e corte as pontas. Aqueça metade do óleo e frite o gengibre até dourar levemente. Adicione o camarão, o molho de soja e o sal e frite até cobrir com óleo, depois retire da panela. Aqueça o óleo restante e frite os cogumelos até que o óleo os cubra. Adicione a sopa, deixe ferver, tampe e cozinhe por 3 minutos. Retorne o camarão para a panela e mexa até aquecer.

Refogue o camarão e as ervilhas

para 4 pessoas
450 g / 1 lb camarão descascado
5 ml / 1 colher de chá de óleo de gergelim
5 ml / 1 colher de chá de sal
30 ml / 2 colheres de sopa de óleo de amendoim
Esmagar 1 dente de alho
1 fatia de raiz de gengibre, picada

225 g de ervilhas congeladas ou escaldadas, descongeladas
4 cebolinhas, picadas
30 ml / 2 colheres de sopa de água
sal pimenta

Misture o camarão com óleo de gergelim e sal. Aqueça o óleo e frite o alho e o gengibre por 1 minuto. Adicione o camarão e frite por 2 minutos. Adicione as ervilhas e frite por 1 minuto. Adicione as cebolinhas e a água e tempere a gosto com sal, pimenta e um pouco de óleo de gergelim. Antes de servir, aqueça mexendo cuidadosamente.

Camarões com chutney de manga

para 4 pessoas

12 camarões

sal pimenta

Suco de 1 limão

30 ml / 2 colheres de farinha de milho (amido de milho)

1 manga

5 ml / 1 colher de chá de mostarda em pó

5 ml / 1 colher de chá de mel

30 ml / 2 colheres de sopa de creme de coco

30 ml / 2 colheres de sopa de caril suave em pó

120 ml / 4 fl oz / ¬Ω xícara de caldo de galinha

45 ml / 3 colheres de sopa de óleo de amendoim (amendoim)

2 dentes de alho, bem picados

2 cebolinhas, picadas

1 cebola erva-doce, picada

100 g de ajvar de manga

Descasque os camarões, deixando as caudas intactas. Polvilhe com sal, pimenta e suco de limão e cubra com metade do fubá. Descasque a manga, retire a polpa do miolo e corte-a em cubos. Misture a mostarda, o mel, o creme de coco, o curry em pó, o amido de milho restante e o caldo. Aqueça metade do azeite e frite o alho, a cebolinha e o funcho por 2 minutos. Adicione a mistura de sopa, deixe ferver e cozinhe por 1 minuto. Adicione os cubos de manga e o molho picante e aqueça suavemente, depois coloque em um prato quente. Aqueça o óleo restante e frite os camarões por 2 minutos. Coloque sobre os legumes e sirva imediatamente.

camarão à Pequim

para 4 pessoas

30 ml / 2 colheres de sopa de óleo de amendoim

2 dentes de alho, picados

1 fatia de raiz de gengibre, finamente picada

225 g / 8 onças de camarão descascado

4 cebolinhas (capulia) cortadas em rodelas grossas

120 ml / 4 fl oz / ¬Ω xícara de caldo de galinha

5 ml / 1 colher de chá de açúcar mascavo

5 ml / 1 colher de chá de molho de soja

5 ml / 1 colher de chá de molho hoisin

5 ml / 1 colher de chá de molho Tabasco

Aqueça o azeite com o alho e o gengibre e frite até dourar levemente o alho. Adicione o camarão e frite por 1 minuto. Adicione a cebola e frite por 1 minuto. Adicione os demais ingredientes, deixe ferver, tampe e cozinhe por 4 minutos, mexendo de vez em quando. Verifique o tempero e adicione um pouco mais de molho Tabasco, se quiser.

camarões com páprica

para 4 pessoas

30 ml / 2 colheres de sopa de óleo de amendoim
1 pimentão verde, em cubos
450 g / 1 lb camarão descascado
10 ml / 2 colheres de chá de farinha de milho (amido de milho)
60 ml / 4 colheres de sopa de água
5 ml / 1 colher de chá de vinho de arroz ou xerez seco
2,5 ml / ¬Ω colher de chá de sal
45 ml / 2 colheres de sopa de pasta de tomate (massa)

Aqueça o óleo e frite a pimenta por 2 minutos. Acrescente o camarão e o extrato de tomate e misture bem. Misture a água de fubá, vinho ou xerez e sal em uma pasta, mexa na panela e cozinhe, mexendo, até o molho clarear e engrossar.

Camarão frito com carne de porco

para 4 pessoas

225 g / 8 onças de camarão descascado

100 g / 4 onças de carne de porco magra, picada

60 ml / 4 colheres de sopa de vinho de arroz ou xerez seco

1 clara de ovo

45 ml / 3 colheres de sopa de farinha de milho (amido de milho)

5 ml / 1 colher de chá de sal

15 ml / 1 colher de sopa de água (opcional)

90 ml / 6 colheres de sopa de óleo de amendoim (amendoim)

45 ml / 3 colheres de sopa de suco de peixe

5 ml / 1 colher de chá de óleo de gergelim

Coloque o camarão e a carne de porco em pratos separados. Misture 45 ml / 3 colheres de sopa de vinho ou xerez, clara de ovo em neve, 30 ml / 2 colheres de fubá e sal até formar uma massa macia, adicionando água se necessário. Divida a mistura entre a carne de porco e o camarão e misture bem para cobrir uniformemente. Aqueça o óleo e frite a carne de porco e o camarão até dourar por alguns minutos. Retire da panela e despeje tudo, exceto 15 ml / 1 colher de sopa de óleo. Adicione a sopa à panela com o restante vinho ou xerez e o fubá. Deixe ferver e cozinhe, mexendo, até o molho engrossar. Despeje sobre o camarão e a carne de porco e sirva regado com óleo de gergelim.

Camarão frito com molho Sherry

para 4 pessoas

50 g / 2 oz / ½ xícara de farinha de trigo
2,5 ml / ½ colher de chá de sal
1 ovo, levemente batido
30 ml / 2 colheres de sopa de água
450 g / 1 lb camarão descascado
óleo para fritar
15 ml / 1 colher de sopa de óleo de amendoim
1 cebola finamente picada
45 ml / 3 colheres de sopa de vinho de arroz ou xerez seco
15 ml / 1 colher de sopa de molho de soja
120 ml / 4 fl oz / ½ xícara de suco de peixe
10 ml / 2 colheres de chá de farinha de milho (amido de milho)
30 ml / 2 colheres de sopa de água

Bata a farinha, o sal, o ovo e a água, acrescente um pouco mais de água se necessário. Misture com o camarão até ficar bem coberto. Aqueça o óleo e frite os camarões até ficarem crocantes e dourados em poucos minutos. Escorra em papel de cozinha e coloque na placa de aquecimento. Enquanto isso, aqueça o óleo e frite a cebola até ficar macia. Adicione vinho ou xerez, molho de soja e caldo, deixe ferver e cozinhe por 4 minutos. Misture o fubá com a água até formar uma pasta, acrescente à panela e cozinhe, mexendo, até o molho ficar claro e espesso. Despeje o molho sobre os camarões e sirva.

Camarão frito com gergelim

para 4 pessoas
450 g / 1 lb camarão descascado
¬Ω clara de ovo
5 ml / 1 colher de chá de molho de soja
5 ml / 1 colher de chá de óleo de gergelim
50 g / 2 oz / ¬Ω xícara de farinha de milho (maizena)
sal e pimenta branca moída na hora
óleo para fritar
60 ml / 4 colheres de sopa de sementes de gergelim
Folhas de alface

Misture o camarão com clara de ovo, molho de soja, óleo de gergelim, amido de milho, sal e pimenta. Adicione um pouco de água se a mistura estiver muito grossa. Aqueça o óleo e frite os camarões por alguns minutos até dourar levemente. Enquanto isso, toste brevemente as sementes de gergelim em uma frigideira seca até que fiquem douradas. Escorra o camarão e misture com as sementes de gergelim. Sirva sobre uma cama de salada.

Camarão cozido na casca

para 4 pessoas
60 ml / 4 colheres de sopa de óleo de amendoim
750 g / 1¬Ω lb camarão com casca
3 cebolinhas, picadas
3 fatias de raiz de gengibre, moídas
2,5 ml / ¬Ω colher de chá de sal
15 ml / 1 colher de sopa de vinho de arroz ou xerez seco
120 ml / 4 fl oz / ¬Ω xícara de molho de tomate (ketchup)
15 ml / 1 colher de sopa de molho de soja
15 ml / 1 colher de sopa de açúcar

15 ml / 1 colher de sopa de farinha de milho (amido de milho)

60 ml / 4 colheres de sopa de água

Aqueça o óleo e frite os camarões por 1 minuto se estiverem cozidos ou até dourar se estiverem crus. Adicione cebolinha, gengibre, sal e vinho ou xerez e frite por 1 minuto. Adicione o molho de tomate, o molho de soja e o açúcar e frite por 1 minuto. Misture o fubá com a água, misture na panela e mexa até o molho ficar claro e engrossar.

Camarão frito

para 4 pessoas

75 g / 3 oz / ¬° xícara de farinha de milho (amido de milho)

1 clara de ovo

5 ml / 1 colher de chá de vinho de arroz ou xerez seco

Sal

350 g / 12 onças de camarão descascado

óleo para fritar

Misture grãos de milho, claras de ovos, vinho ou xerez e uma pitada de sal em uma mistura espessa. Mergulhe o camarão na massa até ficar bem coberto. Aqueça o óleo em temperatura média e frite os camarões até dourar por alguns minutos. Retire do óleo, aqueça bem e frite os camarões novamente até ficarem crocantes e dourados.

tempurá de camarão

para 4 pessoas

450 g / 1 lb camarão descascado
30 ml / 2 colheres de sopa de farinha de trigo
30 ml / 2 colheres de farinha de milho (amido de milho)
30 ml / 2 colheres de sopa de água
2 ovos batidos
óleo para fritar

Corte os camarões no centro do arco interno e espalhe-os para formar uma borboleta. Misture a farinha, o amido de milho e a água em uma massa e acrescente os ovos. Aqueça o óleo e frite os camarões até dourar.

Goma de mascar

para 4 pessoas

30 ml / 2 colheres de sopa de óleo de amendoim
2 cebolinhas, picadas
Esmagar 1 dente de alho
1 fatia de raiz de gengibre, picada
100 g de peito de frango cortado em tiras
100 g / 4 onças de presunto, cortado em tiras
100 g de broto de bambu cortado em tiras
100 g de castanha d'água cortada em tiras
225 g / 8 onças de camarão descascado
30 ml / 2 colheres de sopa de molho de soja
30 ml / 2 colheres de sopa de vinho de arroz ou xerez seco
5 ml / 1 colher de chá de sal
5 ml / 1 colher de chá de açúcar
5 ml / 1 colher de chá de farinha de milho (amido de milho)

Aqueça o azeite e frite a cebolinha, o alho e o gengibre até dourar levemente. Adicione o frango e frite por 1 minuto. Adicione o presunto, brotos de bambu e castanhas de água e frite por 3 minutos. Adicione o camarão e frite por 1 minuto. Adicione o molho de soja, vinho ou xerez, sal e açúcar e frite por 2 minutos. Misture a farinha de milho com um pouco de água, misture em uma tigela e cozinhe por 2 minutos em fogo baixo mexendo sempre.

camarão com tofu

para 4 pessoas
45 ml / 3 colheres de sopa de óleo de amendoim (amendoim)
225 g / 8 onças de tofu, em cubos
1 cebolinha (capula), finamente picada
Esmagar 1 dente de alho
15 ml / 1 colher de sopa de molho de soja
5 ml / 1 colher de chá de açúcar
90 ml / 6 colheres de sopa de suco de peixe
225 g / 8 onças de camarão descascado
15 ml / 1 colher de sopa de farinha de milho (amido de milho)
45 ml / 3 colheres de sopa de água

Aqueça metade do óleo e frite o tofu até dourar levemente, depois retire da frigideira. Aqueça o óleo restante e frite a cebolinha e o alho até dourar. Adicione o molho de soja, o açúcar e o caldo e deixe ferver. Adicione o camarão e mexa em fogo baixo por 3 minutos. Misture o fubá com a água até virar uma pasta, misture na panela e cozinhe, mexendo, até o molho engrossar. Retorne o tofu para a panela e refogue até aquecer.

camarão com tomate

para 4 pessoas

2 claras de ovo
30 ml / 2 colheres de farinha de milho (amido de milho)
5 ml / 1 colher de chá de sal
450 g / 1 lb camarão descascado
óleo para fritar
30 ml / 2 colheres de sopa de vinho de arroz ou xerez seco
225 g / 8 oz tomates, descascados, sem sementes e picados

Misture as claras, o amido de milho e o sal. Adicione o camarão até ficar bem revestido. Aqueça o óleo e frite os camarões até ficarem macios. Despeje tudo menos 15 ml/1 colher de sopa de óleo e reaqueça. Adicione o vinho ou o xerez e os tomates e deixe ferver. Adicione o camarão e reaqueça rapidamente antes de servir.

Camarões com molho de tomate

para 4 pessoas
30 ml / 2 colheres de sopa de óleo de amendoim
Esmagar 1 dente de alho
2 fatias de raiz de gengibre picada
2,5 ml / ¬Ω colher de chá de sal
15 ml / 1 colher de sopa de vinho de arroz ou xerez seco
15 ml / 1 colher de sopa de molho de soja
6 ml / 4 colheres de sopa de molho de tomate (ketchup)
120 ml / 4 fl oz / ¬Ω xícara de suco de peixe
350 g / 12 onças de camarão descascado
10 ml / 2 colheres de chá de farinha de milho (amido de milho)
30 ml / 2 colheres de sopa de água

Aqueça o óleo e frite o alho, o gengibre e o sal por 2 minutos. Adicione vinho ou xerez, molho de soja, molho de tomate e caldo e leve para ferver. Adicione o camarão, tampe e cozinhe por 2 minutos. Misture o fubá e a água em uma pasta, misture na panela e cozinhe, mexendo, até o molho clarear e engrossar.

Camarão com molho de tomate e pimenta

para 4 pessoas

60 ml / 4 colheres de sopa de óleo de amendoim
15 ml / 1 colher de sopa de gengibre moído
15 ml / 1 colher de sopa de alho picado
15 ml / 1 colher de sopa de cebolinha picada
60 ml / 4 colheres de sopa de pasta de tomate (massa)
15 ml / 1 colher de sopa de molho de pimenta
450 g / 1 lb camarão descascado
15 ml / 1 colher de sopa de farinha de milho (amido de milho)
15 ml / 1 colher de sopa de água

Aqueça o óleo e frite o gengibre, o alho e a cebolinha por 1 minuto. Adicione o extrato de tomate e o molho de pimenta e misture bem. Adicione o camarão e frite por 2 minutos. Misture os grãos de milho e água em uma pasta, mexa na panela e cozinhe até o molho engrossar. Sirva imediatamente.

Camarão frito com molho de tomate

para 4 pessoas

50 g / 2 oz / ¬Ω xícara de farinha de trigo

2,5 ml / ¬Ω colher de chá de sal

1 ovo, levemente batido

30 ml / 2 colheres de sopa de água

450 g / 1 lb camarão descascado

óleo para fritar

30 ml / 2 colheres de sopa de óleo de amendoim

1 cebola finamente picada

2 fatias de raiz de gengibre picada

75 ml / 5 colheres de sopa de molho de tomate (ketchup)

10 ml / 2 colheres de chá de farinha de milho (amido de milho)

30 ml / 2 colheres de sopa de água

Bata a farinha, o sal, o ovo e a água, acrescente um pouco mais de água se necessário. Misture com o camarão até ficar bem coberto. Aqueça o óleo e frite os camarões até ficarem crocantes e dourados em poucos minutos. Escorra em uma toalha de papel.

Enquanto isso, aqueça o óleo e frite a cebola e o gengibre até ficarem macios. Acrescente o molho de tomate e refogue por 3 minutos. Misture o fubá com a água até virar uma pasta, misture na panela e cozinhe, mexendo, até o molho engrossar. Adicione o camarão à panela e cozinhe em fogo baixo até aquecer. Sirva imediatamente.

camarões com legumes

para 4 pessoas

15 ml / 1 colher de sopa de óleo de amendoim

225 g / 8 onças floretes de brócolis

225 g / 8 onças de cogumelos

225 g de brotos de bambu cortados em rodelas

450 g / 1 lb camarão descascado

120 ml / 4 fl oz / ¬Ω xícara de caldo de galinha

5 ml / 1 colher de chá de farinha de milho (amido de milho)

5 ml / 1 colher de chá de molho de ostra

2,5 ml / ¬Ω colher de chá de açúcar

2,5 ml / ¬Ω colher de chá de raiz de gengibre ralada

uma pitada de pimenta moída na hora

Aqueça o óleo e frite o brócolis por 1 minuto. Adicione os cogumelos e brotos de bambu e frite por 2 minutos. Adicione o camarão e frite por 2 minutos. Misture o restante dos ingredientes e misture com a mistura de camarão. Deixe ferver, mexendo, depois cozinhe por 1 minuto, mexendo sempre.

Camarão com castanhas d'água

para 4 pessoas

60 ml / 4 colheres de sopa de óleo de amendoim
1 dente de alho picado
1 fatia de raiz de gengibre, picada
450 g / 1 lb camarão descascado
30 ml / 2 colheres de sopa de vinho de arroz ou xerez seco 225
g / 8 onças de castanhas d'água, fatiadas
30 ml / 2 colheres de sopa de molho de soja
15 ml / 1 colher de sopa de farinha de milho (amido de milho)
45 ml / 3 colheres de sopa de água

Aqueça o óleo e frite o alho e o gengibre até dourar levemente. Adicione o camarão e frite por 1 minuto. Adicione vinho ou xerez e misture bem. Adicione as castanhas d'água e frite por 5 minutos. Adicione os outros ingredientes e frite por 2 minutos.

camarão

para 4 pessoas

450 g de camarões descascados, cortados em fatias finas
225 g / 8 onças de vegetais misturados, picados
15 ml / 1 colher de sopa de molho de soja
2,5 ml / ¬Ω colher de chá de sal
algumas gotas de óleo de gergelim
40 peles wonton
óleo para fritar

Misture camarão, legumes, molho de soja, sal e óleo de gergelim.

Para dobrar os wontons, segure a pele com a palma da mão esquerda e coloque um pouco do recheio no meio. Pincele as bordas com ovo e dobre a pele em um triângulo, cole as bordas. Umedeça os cantos com ovo e torça.

Aqueça o óleo e frite um wonton de cada vez até dourar. Escorra bem antes de servir.

abalone com frango

para 4 pessoas

400 g / 14 oz abalone enlatado
30 ml / 2 colheres de sopa de óleo de amendoim
100 g de peito de frango cortado em cubos
100 g de broto de bambu cortado em tiras
250 ml / 8 fl oz / 1 xícara de caldo de peixe
15 ml / 1 colher de sopa de vinho de arroz ou xerez seco
5 ml / 1 colher de chá de açúcar
2,5 ml / ¬Ω colher de chá de sal
15 ml / 1 colher de sopa de farinha de milho (amido de milho)

45 ml / 3 colheres de sopa de água

Escorra e corte o abalone em fatias, deixando o suco de lado. Aqueça o óleo e frite o frango até dourar. Adicione o abalone e os brotos de bambu e frite por 1 minuto. Adicione o líquido abalone, caldo, vinho ou xerez, açúcar e sal, deixe ferver e cozinhe por 2 minutos. Misture o fubá e a água até formar uma pasta e cozinhe, mexendo, até o molho ficar claro e engrossar. Sirva imediatamente.

Abalone com espargos

para 4 pessoas
10 cogumelos chineses secos
30 ml / 2 colheres de sopa de óleo de amendoim
15 ml / 1 colher de sopa de água
225 g de espargos
2,5 ml / ¬Ω colher de chá de molho de peixe
15 ml / 1 colher de sopa de farinha de milho (amido de milho)
225 g / 8 oz abalone enlatado, fatiado

60 ml / 4 colheres de sopa
¬Ω cenoura pequena, cortada em rodelas
5 ml / 1 colher de chá de molho de soja
5 ml / 1 colher de chá de molho de ostra
5 ml / 1 colher de chá de vinho de arroz ou xerez seco

Mergulhe os cogumelos em água morna por 30 minutos e depois filtre. Descarte os talos. Aqueça 15 ml / 1 colher de sopa de óleo com água e frite os cogumelos por 10 minutos. Enquanto isso, cozinhe os aspargos em água fervente até ficarem macios com o molho de peixe e 5 ml/1 colher de chá de fubá. Escorra bem e coloque em um prato aquecido com cogumelos. Mantenha-os aquecidos. Aqueça o óleo restante e frite o abalone por alguns segundos, depois acrescente o caldo, a cenoura, o molho de soja, o molho de ostra, o vinho ou xerez e o restante do amido de milho. Cozinhe por cerca de 5 minutos até ficar macio, despeje sobre os aspargos e sirva.

Abalone com cogumelos

para 4 pessoas

6 cogumelos chineses secos
400 g / 14 oz abalone enlatado
45 ml / 3 colheres de sopa de óleo de amendoim (amendoim)
2,5 ml / ½ colher de chá de sal
15 ml / 1 colher de sopa de vinho de arroz ou xerez seco
3 cebolinhas, cortadas em fatias grossas

Mergulhe os cogumelos em água morna por 30 minutos e depois filtre. Descarte os talos e corte as pontas. Escorra e corte o abalone em fatias, deixando o suco de lado. Aqueça o óleo e frite o sal e os cogumelos por 2 minutos. Adicione o líquido abalone e o xerez, deixe ferver, tampe e cozinhe por 3 minutos. Adicione o abalone e a cebolinha e refogue até aquecer. Sirva imediatamente.

Abalone com molho de ostra

para 4 pessoas

400 g / 14 oz abalone enlatado
15 ml / 1 colher de sopa de farinha de milho (amido de milho)
15 ml / 1 colher de sopa de molho de soja
45 ml / 3 colheres de sopa de molho de ostra
30 ml / 2 colheres de sopa de óleo de amendoim
50 g / 2 onças de presunto defumado picado

Escorra a lata de abalone, deixando 90 ml / 6 colheres de sopa de líquido. Misture com fubá, molho de soja e molho de ostra. Aqueça o óleo e frite o abalone escorrido por 1 minuto. Adicione a mistura de molho e cozinhe, mexendo, até aquecer, cerca de 1 minuto. Coloque em um prato quente e sirva decorado com presunto.

amêijoas cozidas no vapor

para 4 pessoas

24 conchas

Esfregue bem os mexilhões e mergulhe-os em água salgada por várias horas. Lave em água corrente e coloque em um refratário raso. Coloque em uma gradinha em uma panela a vapor, tampe e cozinhe em água fervente por cerca de 10 minutos até que todas as amêijoas estejam abertas. Descarte os que permanecerem fechados. Sirva com molhos.

Mexilhões com broto de feijão

para 4 pessoas

24 conchas
15 ml / 1 colher de sopa de óleo de amendoim
150 g de broto de feijão
1 pimentão verde cortado em tiras
2 cebolinhas, picadas
15 ml / 1 colher de sopa de vinho de arroz ou xerez seco
sal e pimenta moída na hora
2,5 ml / ¬Ω colher de chá de óleo de gergelim

50 g / 2 onças de presunto defumado picado

Esfregue bem os mexilhões e mergulhe-os em água salgada por várias horas. Enxágue em água corrente. Ferva uma panela com água, acrescente os mexilhões e cozinhe por alguns minutos até que abram. Drene e descarte quaisquer peças seladas restantes. Retire as cascas das cascas.

Aqueça o óleo e frite os brotos de feijão por 1 minuto. Adicione a pimenta e a cebolinha e refogue por 2 minutos. Adicione vinho ou xerez e tempere com sal e pimenta. Aqueça, adicione as amêijoas e mexa até ficar bem misturado e aquecido. Coloque em um prato quente e sirva polvilhado com óleo de gergelim e presunto.

Mexilhões com gengibre e alho

para 4 pessoas

24 conchas

15 ml / 1 colher de sopa de óleo de amendoim

2 fatias de raiz de gengibre picada

2 dentes de alho, picados

15 ml / 1 colher de sopa de água

5 ml / 1 colher de chá de óleo de gergelim

sal e pimenta moída na hora

Esfregue bem os mexilhões e mergulhe-os em água salgada por várias horas. Enxágue em água corrente. Aqueça o óleo e frite o gengibre e o alho por 30 segundos. Adicione as amêijoas, a água e o óleo de sésamo, tape e deixe cozinhar cerca de 5 minutos até as amêijoas abrirem. Descarte os que permanecerem fechados. Tempere levemente com sal e pimenta e sirva imediatamente.

amêijoas fritas

para 4 pessoas

24 conchas

60 ml / 4 colheres de sopa de óleo de amendoim

4 dentes de alho, picados

1 cebola finamente picada

2,5 ml / ¬Ω colher de chá de sal

Esfregue bem os mexilhões e mergulhe-os em água salgada por várias horas. Enxágue em água corrente e seque. Aqueça o óleo e frite o alho, a cebola e o sal até ficarem macios. Adicione as amêijoas, tape e deixe cozinhar cerca de 5 minutos até todas as amêijoas abrirem. Descarte os que permanecerem fechados. Frite levemente por mais 1 minuto polvilhado com óleo.

bolos de caranguejo

para 4 pessoas

225 g de rebentos de feijão
60 ml / 4 colheres de sopa de óleo de amendoim 100 g / 4 onças de brotos de bambu, cortados em tiras
1 cebola finamente picada
225 g de carne de caranguejo, em flocos
4 ovos, ligeiramente batidos
15 ml / 1 colher de sopa de farinha de milho (amido de milho)
30 ml / 2 colheres de sopa de molho de soja
sal e pimenta moída na hora

Escalde os brotos de feijão em água fervente por 4 minutos e depois coe. Aqueça metade do óleo e frite o broto de feijão, o broto de bambu e a cebola até ficarem macios. Retire do fogo e misture os demais ingredientes, exceto o azeite. Em uma panela limpa, aqueça o restante do azeite e asse um bolinho feito com uma colher de carne de siri. Frite os dois lados até dourar levemente e sirva imediatamente.

pudim de caranguejo

para 4 pessoas

225 g / 8 onças de carne de caranguejo

5 ovos batidos

1 cebolinha (capula) picada

250 ml / 8 onças fluidas / 1 xícara de água

5 ml / 1 colher de chá de sal

5 ml / 1 colher de chá de óleo de gergelim

Misture bem todos os ingredientes. Coloque em uma tigela, tampe e coloque em uma banheira com água quente ou em uma grelha para vapor. Cozinhe por cerca de 35 minutos até obter um pudim, mexendo de vez em quando. Sirva com arroz.

carne de caranguejo folha chinesa

para 4 pessoas

450 g / 1 lb de folhas chinesas raladas
45 ml / 3 colheres de sopa de óleo vegetal
2 cebolinhas, picadas
225 g / 8 onças de carne de caranguejo
15 ml / 1 colher de sopa de molho de soja
15 ml / 1 colher de sopa de vinho de arroz ou xerez seco
5 ml / 1 colher de chá de sal

Escalde as folhas chinesas em água fervente por 2 minutos, depois escorra bem e enxágue com água fria. Aqueça o óleo e frite a cebolinha até dourar um pouco. Adicione a carne de caranguejo e frite por 2 minutos. Adicione as folhas chinesas e frite por 4 minutos. Adicione o molho de soja, vinho ou xerez e sal e misture bem. Junte a sopa e o fubá, leve ao fogo e cozinhe por 2 minutos, mexendo, até o molho clarear e engrossar.

Caranguejo Foo Yung com brotos de feijão

para 4 pessoas

6 ovos batidos

45 ml / 3 colheres de sopa de farinha de milho (amido de milho)

225 g / 8 onças de carne de caranguejo

100 g de broto de feijão

2 cebolinhas, finamente picadas

2,5 ml / ¬Ω colher de chá de sal

45 ml / 3 colheres de sopa de óleo de amendoim (amendoim)

Bata o ovo e depois acrescente o fubá. Misture os outros ingredientes, exceto o óleo. Aqueça o azeite e, aos poucos, despeje a mistura na panela para fazer pequenas panquecas com cerca de 7,5 cm de largura. Até lá, frite a parte de baixo, depois vire e frite também o outro lado.

caranguejo com gengibre

para 4 pessoas

15 ml / 1 colher de sopa de óleo de amendoim

2 fatias de raiz de gengibre picada

4 cebolinhas, picadas

3 dentes de alho, picados

1 malagueta vermelha finamente picada

350 g / 12 onças de carne de caranguejo, em flocos

2,5 ml / ½ colher de chá de pasta de peixe

2,5 ml / ½ colher de chá de óleo de gergelim

15 ml / 1 colher de sopa de vinho de arroz ou xerez seco

5 ml / 1 colher de chá de farinha de milho (amido de milho)

15 ml / 1 colher de sopa de água

Aqueça o óleo e frite o gengibre, a cebolinha, o alho e a pimenta por 2 minutos. Adicione a carne de caranguejo e mexa até que os temperos estejam bem revestidos. Adicione a pasta de peixe. Misture o restante dos ingredientes até ficar homogêneo, despeje na panela e frite por 1 minuto. Sirva imediatamente.

Caranguejo Lo Mein

para 4 pessoas

100 g de broto de feijão

30 ml / 2 colheres de sopa de óleo de amendoim

5 ml / 1 colher de chá de sal

1 cebola finamente picada

100 g de cogumelos, cortados em rodelas

225 g de carne de caranguejo, em flocos

100 g de broto de bambu cortado em tiras

Macarrão torrado

30 ml / 2 colheres de sopa de molho de soja

5 ml / 1 colher de chá de açúcar

5 ml / 1 colher de chá de óleo de gergelim

sal e pimenta moída na hora

Escalde os brotos de feijão em água fervente por 5 minutos e depois coe. Aqueça o azeite e refogue o sal e a cebola até murchar. Adicione os cogumelos e refogue até ficarem macios. Adicione a carne de caranguejo e frite por 2 minutos. Adicione brotos de feijão e brotos de bambu e frite por 1 minuto. Adicione a massa escorrida à panela e misture delicadamente.

Misture o molho de soja, o açúcar e o óleo de gergelim, tempere com sal e pimenta. Mexa na panela até aquecer.

Caranguejos fritos com carne de porco

para 4 pessoas

30 ml / 2 colheres de sopa de óleo de amendoim
100 g de carne moída (moída)
350 g / 12 onças de carne de caranguejo, em flocos
2 fatias de raiz de gengibre picada
2 ovos, ligeiramente batidos
15 ml / 1 colher de sopa de molho de soja
15 ml / 1 colher de sopa de vinho de arroz ou xerez seco
30 ml / 2 colheres de sopa de água
sal e pimenta moída na hora
4 cebolinhas, cortadas em tiras

Aqueça o óleo e frite a carne de porco até clarear. Adicione a carne de caranguejo e o gengibre e frite por 1 minuto. Adicione os ovos. Adicione o molho de soja, vinho ou xerez, água, sal e pimenta e refogue por cerca de 4 minutos. Sirva decorado com cebolinha.

Caranguejo cozido no vapor

para 4 pessoas

30 ml / 2 colheres de sopa de óleo de amendoim
450 g de caranguejo em lâminas
2 cebolinhas, picadas
2 fatias de raiz de gengibre picada
30 ml / 2 colheres de sopa de molho de soja
30 ml / 2 colheres de sopa de vinho de arroz ou xerez seco
2,5 ml / ¬Ω colher de chá de sal
15 ml / 1 colher de sopa de farinha de milho (amido de milho)
60 ml / 4 colheres de sopa de água

Aqueça o óleo e frite a carne de siri, a cebolinha e o gengibre por 1 minuto. Adicione o molho de soja, vinho ou xerez e sal, tampe e cozinhe por 3 minutos. Misture o fubá com a água até formar uma pasta, acrescente à panela e cozinhe, mexendo, até o molho ficar claro e espesso.

bolinhos de lula fritos

para 4 pessoas

450 g / 1 libra de lula

50 g / 2 onças de banha, processada

1 clara de ovo

2,5 ml / ¬Ω colher de chá de açúcar

2,5 ml / ¬Ω colher de chá de amido de milho (amido de milho)

sal e pimenta moída na hora

óleo para fritar

Fatie e moa a lula ou faça uma pasta. Misture com a gordura, clara de ovo, açúcar e amido de milho, em seguida, tempere com sal e pimenta. Pressione a mistura em bolas. Aqueça o óleo e, se necessário, frite os bolinhos de lula até que subam à superfície do óleo e fiquem dourados. Escorra bem e sirva junto.

lagosta cantonesa

para 4 pessoas

2 lagostas
30 ml / 2 colheres de sopa de óleo
15 ml / 1 colher de sopa de molho de feijão preto
Esmagar 1 dente de alho
1 cebola finamente picada
225 g de carne de porco moída
45 ml / 3 colheres de sopa de molho de soja
5 ml / 1 colher de chá de açúcar
sal e pimenta moída na hora
15 ml / 1 colher de sopa de farinha de milho (amido de milho)
75 ml / 5 colheres de sopa de água
1 ovo batido

Corte as lagostas em pedaços, retire a carne e corte em cubos de 2,5 cm. Aqueça o óleo e frite o molho de feijão preto, o alho e a cebola até dourar levemente. Adicione a carne de porco e frite até dourar. Adicione o molho de soja, açúcar, sal, pimenta e lagosta, tampe e cozinhe por cerca de 10 minutos. Misture o fubá e a água em uma pasta, misture na panela e cozinhe, mexendo, até o molho clarear e engrossar. Antes de servir, desligue o fogo e acrescente o ovo.

lagosta frita

para 4 pessoas

450 g / 1 lb de carne de lagosta
30 ml / 2 colheres de sopa de molho de soja
5 ml / 1 colher de chá de açúcar
1 ovo batido
30 ml / 3 colheres de sopa de farinha multiuso
óleo para fritar

Corte a carne da lagosta em cubos de 2,5 cm/1 e misture com o molho de soja e o açúcar. Deixe repousar por 15 minutos e depois filtre. Misture o ovo e a farinha, depois acrescente a lagosta e misture bem para cobrir. Aqueça o óleo e frite a lagosta até dourar. Escorra em papel de cozinha antes de servir.

Lagosta ao vapor com presunto

para 4 pessoas

4 ovos, ligeiramente batidos

60 ml / 4 colheres de sopa de água

5 ml / 1 colher de chá de sal

15 ml / 1 colher de sopa de molho de soja

450 g de carne de lagosta fatiada

15 ml / 1 colher de sopa de presunto picado

15 ml / 1 colher de sopa de salsa fresca picada

Bata os ovos com água, sal e molho de soja. Despeje em um refratário e polvilhe com carne de lagosta. Coloque a tigela na grelha do vaporizador, tampe e cozinhe no vapor por 20 minutos até que o ovo esteja firme. Sirva decorado com presunto e salsa.

lagosta com cogumelos

para 4 pessoas

450 g / 1 lb de carne de lagosta

15 ml / 1 colher de sopa de farinha de milho (amido de milho)

60 ml / 4 colheres de sopa de água

30 ml / 2 colheres de sopa de óleo de amendoim

4 cebolinhas (capulia) cortadas em rodelas grossas

100 g de cogumelos, cortados em rodelas

2,5 ml / ¬Ω colher de chá de sal

Esmagar 1 dente de alho

30 ml / 2 colheres de sopa de molho de soja

15 ml / 1 colher de sopa de vinho de arroz ou xerez seco

Corte a carne da lagosta em cubos de 2,5 cm. Misture o fubá e a água e jogue os cubos de lagosta na mistura de cobertura. Aqueça metade do óleo e frite os cubos de lagosta até dourar levemente, depois retire-os da frigideira. Aqueça o óleo restante e frite a cebolinha até dourar levemente. Adicione os cogumelos e frite-os por 3 minutos. Adicione sal, alho, molho de soja e vinho ou xerez e frite por 2 minutos. Retorne a lagosta para a panela e cozinhe até aquecer.

Cauda de lagosta com carne de porco

para 4 pessoas

3 cogumelos chineses secos
4 caudas de lagosta
60 ml / 4 colheres de sopa de óleo de amendoim
100 g de carne moída (moída)
50 g / 2 onças de castanhas de água, picadas finamente
sal e pimenta moída na hora
2 dentes de alho, picados
45 ml / 3 colheres de sopa de molho de soja
30 ml / 2 colheres de sopa de vinho de arroz ou xerez seco
30 ml / 2 colheres de sopa de molho de feijão preto
10 ml / 2 colheres de farinha de milho (amido de milho)
120 ml / 4 fl oz / ¬Ω xícara de água

Mergulhe os cogumelos em água morna por 30 minutos e depois filtre. Descarte os talos e corte as pontas. Corte a cauda de lagosta ao meio no sentido do comprimento. Separe a carne com as caudas de lagosta e reserve as cascas. Aqueça metade do óleo e frite a carne de porco até dourar. Retire do fogo e misture os cogumelos, a carne de lagosta, as castanhas d'água, o sal e a pimenta. Pressione a carne de volta na casca da lagosta e coloque na assadeira. Coloque em uma gradinha em uma panela a vapor, tampe e cozinhe por cerca de 20 minutos até ficar macio. Enquanto isso, aqueça o restante azeite e refogue o alho, o molho de soja, o vinho ou xerez e o molho de feijão preto por 2 minutos. Misture o fubá com a água até obter uma pasta, coloque em uma panela e cozinhe, mexendo, até o molho engrossar. Coloque a lagosta em um prato quente, despeje o molho por cima e sirva imediatamente.

lagosta frita

para 4 pessoas

450 g / 1 lb cauda de lagosta

30 ml / 2 colheres de sopa de óleo de amendoim

Esmagar 1 dente de alho

2,5 ml / ¬Ω colher de chá de sal

350 g / 12 oz brotos de feijão

50 g / 2 onças de cogumelos
4 cebolinhas (capulia) cortadas em rodelas grossas
150 ml / ¬° pt / generoso ¬Ω xícara de canja de galinha
15 ml / 1 colher de sopa de farinha de milho (amido de milho)

Ferva uma panela de água, adicione as caudas de lagosta e cozinhe por 1 minuto. Escorra, deixe esfriar, retire a pele e corte em fatias mais grossas. Aqueça o azeite com o alho e o sal e frite até o alho dourar um pouco. Adicione a lagosta e frite por 1 minuto. Adicione os brotos de feijão e os cogumelos e frite por 1 minuto. Adicione cebolinha. Adicione a maior parte da sopa, deixe ferver, tampe e cozinhe por 3 minutos. Misture os grãos de milho com a sopa restante, mexa na panela e cozinhe, mexendo, até que o molho fique claro e grosso.

ninhos de lagosta

para 4 pessoas
30 ml / 2 colheres de sopa de óleo de amendoim
5 ml / 1 colher de chá de sal
1 cebola finamente picada
100 g de cogumelos, cortados em rodelas

100 g de broto de bambu fatiado 225 g / 8 onças de carne de lagosta cozida
15 ml / 1 colher de sopa de vinho de arroz ou xerez seco
120 ml / 4 fl oz / ¬Ω xícara de caldo de galinha
uma pitada de pimenta moída na hora
10 ml / 2 colheres de chá de farinha de milho (amido de milho)
15 ml / 1 colher de sopa de água
4 cestos de massa

Aqueça o azeite e refogue o sal e a cebola até murchar. Adicione os cogumelos e brotos de bambu e frite por 2 minutos. Adicione a carne de lagosta, o vinho ou xerez e o caldo, deixe ferver, tampe e cozinhe por 2 minutos. Tempere com pimenta. Misture o fubá com a água até virar uma pasta, misture na panela e cozinhe, mexendo, até o molho engrossar. Disponha os ninhos de massa em uma travessa quente e coloque a lagosta por cima.

Mexilhões em molho de feijão preto

para 4 pessoas
45 ml / 3 colheres de sopa de óleo de amendoim (amendoim)
2 dentes de alho, picados
2 fatias de raiz de gengibre picada

30 ml / 2 colheres de sopa de molho de feijão preto
15 ml / 1 colher de sopa de molho de soja
1,5 kg/3 lbs de amêijoas, lavadas e limpas
2 cebolinhas, picadas

Aqueça o óleo e frite o alho e o gengibre por 30 segundos. Adicione o molho de feijão preto e o molho de soja e refogue por 10 segundos. Adicione as amêijoas, tape e cozinhe cerca de 6 minutos até as amêijoas abrirem. Descarte os que permanecerem fechados. Coloque em um prato quente e sirva polvilhado com cebolinha.

mexilhões com gengibre

para 4 pessoas

45 ml / 3 colheres de sopa de óleo de amendoim (amendoim)
2 dentes de alho, picados
4 fatias de raiz de gengibre picada
1,5 kg/3 lbs de amêijoas, lavadas e limpas
45 ml / 3 colheres de sopa de água
15 ml / 1 colher de sopa de molho de ostra

Aqueça o óleo e frite o alho e o gengibre por 30 segundos. Adicione as amêijoas e a água, tape e cozinhe cerca de 6 minutos, até as amêijoas abrirem. Descarte os que permanecerem fechados. Coloque em um prato quente e sirva coberto com molho de ostra.

Mexilhões cozidos

para 4 pessoas

1,5 kg/3 lbs de amêijoas, lavadas e limpas
45 ml / 3 colheres de sopa de molho de soja
3 cebolinhas, bem picadas

Coloque as amêijoas em uma gradinha em uma panela a vapor, tampe e cozinhe em água fervente por cerca de 10 minutos até que todas as amêijoas estejam abertas. Descarte os que permanecerem fechados. Coloque em um prato quente e polvilhe com molho de soja e cebolinha e sirva.

ostras fritas

para 4 pessoas

24 conchas de ostras
sal e pimenta moída na hora
1 ovo batido
50 g / 2 oz / ½ xícara de farinha de trigo
250 ml / 8 onças fluidas / 1 xícara de água
óleo para fritar
4 cebolinhas, picadas

Polvilhe as ostras com sal e pimenta. Bata o ovo com a farinha e a água e cubra as ostras com ele. Aqueça o óleo e frite as ostras até dourar. Escorra em papel de cozinha e sirva decorado com cebolinhas.

Ostras com bacon

para 4 pessoas

175 gr de bacon
24 conchas de ostras
1 ovo, levemente batido
15 ml / 1 colher de sopa de água
45 ml / 3 colheres de sopa de óleo de amendoim (amendoim)
2 cebolas finamente picadas
15 ml / 1 colher de sopa de farinha de milho (amido de milho)
15 ml / 1 colher de sopa de molho de soja
90 ml / 6 colheres de sopa de caldo de galinha

Corte o bacon em pedaços e enrole um pedaço em cada ostra. Bata o ovo com a água e mergulhe na ostra para cobrir. Aqueça metade do óleo e frite as ostras até dourar levemente dos dois lados, depois retire da frigideira e escorra a gordura. Aqueça o azeite restante e refogue a cebola até ficar macia. Misture o fubá, o molho de soja e a sopa em uma pasta, despeje na panela e cozinhe mexendo até o molho clarear e engrossar. Despeje sobre as ostras e sirva imediatamente.

Ostras fritas com gengibre

para 4 pessoas

24 conchas de ostras

2 fatias de raiz de gengibre picada

30 ml / 2 colheres de sopa de molho de soja

15 ml / 1 colher de sopa de vinho de arroz ou xerez seco

4 cebolinhas, cortadas em tiras

100 gr de bacon

1 ovo

50 g / 2 oz / ¬Ω xícara de farinha de trigo

sal e pimenta moída na hora

óleo para fritar

1 limão cortado em rodelas

Coloque as ostras em uma tigela com o gengibre, o molho de soja e o vinho ou xerez e misture bem. Deixe repousar por 30 minutos. Coloque algumas tiras de cebolinha em cima de cada ostra. Corte o bacon em pedaços e enrole um pedaço em cada ostra. Bata o ovo e a farinha na massa e tempere com sal e pimenta. Mergulhe as ostras na massa até ficarem bem cobertas. Aqueça o óleo e frite as ostras até dourar. Sirva decorado com rodelas de limão.

Ostras com molho de feijão preto

para 4 pessoas

350 g / 12 onças de ostras com casca
120 ml / 4 fl oz / ¬Ω xícara de óleo de amendoim (amendoim)
2 dentes de alho, picados
3 cebolinhas, fatiadas
15 ml / 1 colher de sopa de molho de feijão preto
30 ml / 2 colheres de sopa de molho de soja escuro
15 ml / 1 colher de sopa de óleo de gergelim
uma pitada de pimenta em pó

Escalde as ostras em água fervente por 30 segundos e depois escorra. Aqueça o óleo e frite o alho e a cebolinha por 30 segundos. Adicione o molho de feijão preto, molho de soja, óleo de gergelim e ostras e tempere com pimenta em pó a gosto. Leve ao fogo bem quente e sirva imediatamente.

Vieiras com brotos de bambu

para 4 pessoas

60 ml / 4 colheres de sopa de óleo de amendoim
6 cebolinhas picadas
225 g de cogumelos cortados em quartos
15 ml / 1 colher de sopa de açúcar
450 g / 1 lb vieiras sem casca
2 fatias de raiz de gengibre picada
225 g de brotos de bambu cortados em rodelas
sal e pimenta moída na hora
300 ml / ¬Ω pt / 1 ¬° xícara de água
30 ml / 2 colheres de sopa de vinagre de vinho
30 ml / 2 colheres de farinha de milho (amido de milho)
150 ml / ¬° pt / grande ¬Ω xícara de água
45 ml / 3 colheres de sopa de molho de soja

Aqueça o óleo e frite as cebolinhas e os cogumelos por 2 minutos. Adicione o açúcar, amêijoas, gengibre, brotos de bambu, sal e pimenta, tampe e cozinhe por 5 minutos. Adicione a água e o vinagre de vinho, deixe ferver, tampe e cozinhe por 5 minutos. Misture o fubá com a água até virar uma pasta, misture na panela e cozinhe, mexendo, até o molho engrossar. Tempere com molho de soja e sirva.

vieiras com ovos

para 4 pessoas

45 ml / 3 colheres de sopa de óleo de amendoim (amendoim)
350 g / 12 onças amêijoas sem casca
25 g / 1 oz presunto defumado, picado
30 ml / 2 colheres de sopa de vinho de arroz ou xerez seco
5 ml / 1 colher de chá de açúcar
2,5 ml / ¬Ω colher de chá de sal
uma pitada de pimenta moída na hora
2 ovos, ligeiramente batidos
15 ml / 1 colher de sopa de molho de soja

Aqueça o óleo e frite os mexilhões por 30 segundos. Adicione o presunto e frite por 1 minuto. Adicione vinho ou xerez, açúcar, sal e pimenta e cozinhe por 1 minuto. Adicione os ovos e mexa delicadamente em fogo alto até que os ingredientes estejam bem cobertos com o ovo. Sirva regado com molho de soja.

vieiras com brócolis

para 4 pessoas

350 g / 12 oz amêijoas, fatiadas
3 fatias de raiz de gengibre, moídas
¬Ω cenoura pequena, cortada em rodelas
Esmagar 1 dente de alho
45 ml / 3 colheres de sopa de farinha de trigo (para todos os fins)
2,5 ml / ¬Ω colher de chá de bicarbonato de sódio (bicarbonato de sódio)
30 ml / 2 colheres de sopa de óleo de amendoim
15 ml / 1 colher de sopa de água
1 banana fatiada
óleo para fritar
275 g / 10 oz brócolis
Sal
5 ml / 1 colher de chá de óleo de gergelim
2,5 ml / ¬Ω colher de chá de molho de pimenta
2,5 ml / ¬Ω colher de chá de vinagre de vinho

2,5 ml / ¬Ω colher de chá de pasta de tomate (massa)

Misture as amêijoas com o gengibre, a cenoura e os alhos e deixe repousar. Misture a farinha, o bicarbonato de sódio, 15 ml/1 colher de sopa de óleo e água em uma pasta e cubra as fatias de banana. Aqueça o óleo e frite a banana até dourar, depois escorra e arrume em um prato quente. Enquanto isso, cozinhe o brócolis em água e sal até ficar macio e escorra. Aqueça o óleo restante com óleo de gergelim e frite brevemente o brócolis, depois envolva-o com as bananas. Adicione o molho de pimenta, o vinagre de vinho e o extrato de tomate na panela e frite as vieiras até que estejam cozidas. Despeje em um prato e sirva imediatamente.

vieiras com gengibre

para 4 pessoas

45 ml / 3 colheres de sopa de óleo de amendoim (amendoim)
2,5 ml / ½ colher de chá de sal
3 fatias de raiz de gengibre, moídas
2 cebolinhas, cortadas em fatias grossas
450 g de amêijoas com casca, cortadas ao meio
15 ml / 1 colher de sopa de farinha de milho (amido de milho)
60 ml / 4 colheres de sopa de água

Aqueça o óleo e frite o sal e o gengibre por 30 segundos. Adicione a cebolinha e frite levemente. Adicione as vieiras e frite por 3 minutos. Misture o fubá com a água até virar uma pasta, acrescente na panela e cozinhe, mexendo, até engrossar. Sirva imediatamente.

vieiras com presunto

para 4 pessoas

450 g de amêijoas com casca, cortadas ao meio
250 ml / 8 fl oz / 1 xícara de vinho de arroz ou xerez seco
1 cebola finamente picada
2 fatias de raiz de gengibre picada
2,5 ml / ¬Ω colher de chá de sal
100 g / 4 oz presunto defumado, picado

Coloque as vieiras em uma tigela e adicione o vinho ou xerez. Cubra e deixe marinar por 30 minutos, virando de vez em quando, depois escorra as vieiras e descarte a marinada. Coloque as vieiras na panela com os outros ingredientes. Coloque a panela na grade do vapor, tampe e cozinhe em água fervente por cerca de 6 minutos, até que as vieiras estejam macias.

Ovos mexidos com vieiras e ervas

para 4 pessoas

225 g de vieiras sem casca
30 ml / 2 colheres de sopa de coentros frescos picados
4 ovos batidos
15 ml / 1 colher de sopa de vinho de arroz ou xerez seco
sal e pimenta moída na hora
15 ml / 1 colher de sopa de óleo de amendoim

Coloque as vieiras em uma panela a vapor e cozinhe por cerca de 3 minutos até ficarem cozidas, dependendo do tamanho. Retire do vapor e polvilhe com coentro. Bata os ovos com vinho ou xerez e adicione sal e pimenta a gosto. Adicione as amêijoas e os coentros. Aqueça o óleo e frite a mistura de ovos e vieiras, mexendo sempre, até o ovo ficar macio. Sirva imediatamente.

Mexilhões assados e cebolas

para 4 pessoas

45 ml / 3 colheres de sopa de óleo de amendoim (amendoim)
1 cebola finamente picada
450 g / 1 lb vieiras com casca, esquartejadas
sal e pimenta moída na hora
15 ml / 1 colher de sopa de vinho de arroz ou xerez seco

Aqueça o azeite e refogue a cebola até ficar macia. Adicione as vieiras e frite até dourar levemente. Tempere com sal e pimenta, regue com vinho ou xerez e sirva imediatamente.

vieiras com legumes

até 4'6

4 cogumelos chineses secos

2 cebolas

30 ml / 2 colheres de sopa de óleo de amendoim

3 talos de aipo cortados na diagonal

225 g / 8 onças de feijão verde, cortado na diagonal

10 ml / 2 colheres de chá de raiz de gengibre ralada

Esmagar 1 dente de alho

20 ml / 4 colheres de chá de farinha de milho (amido de milho)

250 ml / 8 fl oz / 1 xícara de caldo de galinha

30 ml / 2 colheres de sopa de vinho de arroz ou xerez seco

30 ml / 2 colheres de sopa de molho de soja

450 g / 1 lb vieiras com casca, esquartejadas

6 cebolinhas, fatiadas

425 g / 15 oz milho enlatado na espiga

Mergulhe os cogumelos em água morna por 30 minutos e depois filtre. Descarte os talos e corte as pontas. Corte a cebola em rodelas, separe as camadas. Aqueça o azeite e frite a cebola, o aipo, o feijão, o gengibre e o alho por 3 minutos. Misture a farinha de milho com um pouco de caldo, depois misture com o caldo restante, vinho ou xerez e molho de soja. Adicione ao wok e deixe ferver, mexendo. Junte os cogumelos, as amêijoas, as cebolinhas e o milho e refogue cerca de 5 minutos até as amêijoas ficarem macias.

vieiras com páprica

para 4 pessoas

30 ml / 2 colheres de sopa de óleo de amendoim

3 cebolinhas, picadas

Esmagar 1 dente de alho

2 fatias de raiz de gengibre picada

2 pimentões vermelhos, em cubos

450 g / 1 lb vieiras sem casca

30 ml / 2 colheres de sopa de vinho de arroz ou xerez seco
15 ml / 1 colher de sopa de molho de soja
15 ml / 1 colher de sopa de molho de feijão amarelo
5 ml / 1 colher de chá de açúcar
5 ml / 1 colher de chá de óleo de gergelim

Aqueça o óleo e frite a cebolinha, o alho e o gengibre por 30 segundos. Adicione a páprica e frite por 1 minuto. Adicione as vieiras e frite-as por 30 segundos, depois adicione os outros ingredientes e cozinhe por aprox. 3 minutos até as vieiras ficarem macias.

Lula com broto de feijão

para 4 pessoas
450 g / 1 libra de lula
30 ml / 2 colheres de sopa de óleo de amendoim
15 ml / 1 colher de sopa de vinho de arroz ou xerez seco
100 g de broto de feijão
15 ml / 1 colher de sopa de molho de soja

Sal

1 malagueta vermelha, ralada

2 fatias de raiz de gengibre, raladas

2 cebolinhas, raladas

Retire a cabeça, as tripas e a membrana das lulas e corte-as em pedaços maiores. Corte o padrão em cada peça. Leve ao lume um tacho com água, junte as lulas e deixe cozinhar em lume brando até enrolar os pedaços, depois retire e escorra. Aqueça metade do azeite e frite rapidamente as lulas. Cubra com vinho ou xerez. Enquanto isso, aqueça o restante do azeite e cozinhe no vapor os brotos de feijão até ficarem macios. Tempere com molho de soja e sal. Disponha a malagueta, o gengibre e a cebolinha num prato de servir. Empilhe os brotos de feijão no meio e coloque as lulas sobre eles. Sirva imediatamente.

Calamari frito

para 4 pessoas

50 g / 2 onças de farinha de trigo

25 g / 1 oz / ¼ xícara de amido de milho (amido de milho)

2,5 ml / ½ colher de chá de fermento em pó

2,5 ml / ½ colher de chá de sal

1 ovo

75 ml / 5 colheres de sopa de água

15 ml / 1 colher de sopa de óleo de amendoim

450 g de lulas cortadas em rodelas

óleo para fritar

Misture a farinha, o amido de milho, o fermento, o sal, o ovo, a água e o óleo na massa. Mergulhe as lulas na massa até ficarem bem cobertas. Aqueça o óleo e frite as lulas, algumas de cada vez, até que fiquem douradas. Escorra em papel de cozinha antes de servir.

embalagem de lula

para 4 pessoas

8 cogumelos chineses secos

450 g / 1 libra de lula

100 g / 4 onças de presunto defumado

100 g / 4 onças de tofu

1 ovo batido

15 ml / 1 colher de sopa de farinha de trigo

2,5 ml / ¬Ω colher de chá de açúcar

2,5 ml / ¬Ω colher de chá de óleo de gergelim

sal e pimenta moída na hora

8 peles wonton

óleo para fritar

Mergulhe os cogumelos em água morna por 30 minutos e depois filtre. Descarte os talos. Apare a lula e corte em 8 pedaços. Corte o presunto e o tofu em 8 pedaços. Coloque todos em uma tigela. Misture os ovos com a farinha, o açúcar, o óleo de gergelim, o sal e a pimenta. Despeje os ingredientes em uma tigela e misture com cuidado. Coloque um chapéu de cogumelo e um pedaço de lula, presunto e tofu diretamente sob o centro de cada concha de wonton. Dobre no canto inferior, dobre nas laterais, depois enrole, molhe as bordas com água para selar. Aqueça o óleo e frite os caroços por cerca de 8 minutos até dourar. Escorra bem antes de servir.

rolo de lula frita

para 4 pessoas

45 ml / 3 colheres de sopa de óleo de amendoim (amendoim)
225 g / 8 oz anéis de lula
1 pimentão verde grande, em cubos
100 g de broto de bambu cortado em tiras
2 cebolinhas, finamente picadas
1 fatia de raiz de gengibre, finamente picada
45 ml / 2 colheres de sopa de molho de soja
30 ml / 2 colheres de sopa de vinho de arroz ou xerez seco
15 ml / 1 colher de sopa de farinha de milho (amido de milho)
15 ml / 1 colher de sopa de caldo de peixe ou água
5 ml / 1 colher de chá de açúcar
5 ml / 1 colher de chá de vinagre de vinho
5 ml / 1 colher de chá de óleo de gergelim
sal e pimenta moída na hora

Aqueça 15 ml / 1 colher de chá de óleo e frite rapidamente as lulas até fecharem bem. Durante esse tempo, aqueça o restante do óleo em uma panela separada e frite a pimenta, o broto de bambu, a cebolinha e o gengibre por 2 minutos. Adicione a lula e frite por 1 minuto. Adicione o molho de soja, vinho ou xerez, grãos de milho, caldo, açúcar, vinagre de vinho e óleo de gergelim e tempere com sal e pimenta. Cozinhe até o molho clarear e engrossar.

Calamari frito

para 4 pessoas

45 ml / 3 colheres de sopa de óleo de amendoim (amendoim)
3 cebolinhas, cortadas em fatias grossas
2 fatias de raiz de gengibre picada
450 g / 1 lb de lula, em cubos
15 ml / 1 colher de sopa de molho de soja
15 ml / 1 colher de sopa de vinho de arroz ou xerez seco
5 ml / 1 colher de chá de farinha de milho (amido de milho)
15 ml / 1 colher de sopa de água

Aqueça o óleo e frite a cebolinha e o gengibre até ficarem macios. Adicione as lulas e frite até que o óleo as cubra.

Adicione o molho de soja e vinho ou xerez, tampe e cozinhe por 2 minutos. Misture o fubá com a água até formar uma pasta, acrescente à panela e cozinhe em fogo baixo, mexendo, até o molho engrossar e as lulas amolecerem.

Lula com cogumelos secos

para 4 pessoas
50 g de cogumelos chineses secos
450 g / 1 lb anéis de lula
45 ml / 3 colheres de sopa de óleo de amendoim (amendoim)
45 ml / 3 colheres de sopa de molho de soja
2 cebolinhas, finamente picadas
1 fatia de raiz de gengibre, picada
225 g de brotos de bambu cortados em tiras
30 ml / 2 colheres de farinha de milho (amido de milho)
150 ml / ¬° pt / generosa ¬Ω xícara de caldo de peixe

Mergulhe os cogumelos em água morna por 30 minutos e depois filtre. Descarte os talos e corte as pontas. Escalde as lulas por alguns segundos em água fervente. Aqueça o azeite e acrescente os cogumelos, o molho de soja, a cebolinha e o gengibre e frite por 2 minutos. Adicione a lula e os brotos de bambu e frite por 2 minutos. Misture o fubá e a sopa, em seguida, mexa na panela. Cozinhe em fogo baixo, mexendo, até o molho clarear e engrossar.

Lula com legumes

para 4 pessoas

45 ml / 3 colheres de sopa de óleo de amendoim (amendoim)

1 cebola finamente picada

5 ml / 1 colher de chá de sal

450 g / 1 lb de lula, em cubos

100 g de broto de bambu cortado em tiras

2 talos de aipo cortados na diagonal

60 ml / 4 colheres de sopa de caldo de galinha

5 ml / 1 colher de chá de açúcar

100 g de ervilha de açúcar

5 ml / 1 colher de chá de farinha de milho (amido de milho)

15 ml / 1 colher de sopa de água

Aqueça o óleo e frite levemente a cebola e o sal. Adicione as lulas e frite até que estejam banhadas em óleo. Adicione brotos de bambu e aipo e frite por 3 minutos. Adicione o caldo e o açúcar, deixe ferver, tampe e cozinhe por 3 minutos até que os legumes estejam macios. Adicione mangetout. Misture o fubá com a água até virar uma pasta, misture na panela e cozinhe, mexendo, até o molho engrossar.

Carne guisada com anis

para 4 pessoas

30 ml / 2 colheres de sopa de óleo de amendoim

450 g / 1 lb bife de filé

Esmagar 1 dente de alho

45 ml / 3 colheres de sopa de molho de soja

15 ml / 1 colher de sopa de água

15 ml / 1 colher de sopa de vinho de arroz ou xerez seco

5 ml / 1 colher de chá de sal

5 ml / 1 colher de chá de açúcar

2 cravos-da-índia de anis estrelado

Aqueça o óleo e frite a carne de todos os lados até dourar. Adicione os outros ingredientes, ferva, tampe e cozinhe por cerca de 45 minutos, depois vire a carne e adicione um pouco mais de água e molho de soja se a carne estiver seca. Cozinhe por mais 45 minutos até que a carne esteja macia. Misture o anis estrelado antes de servir.

Vitela com espargos

para 4 pessoas

450 g / 1 kg de lombo cortado em cubos

30 ml / 2 colheres de sopa de molho de soja

30 ml / 2 colheres de sopa de vinho de arroz ou xerez seco

45 ml / 3 colheres de sopa de farinha de milho (amido de milho)

45 ml / 3 colheres de sopa de óleo de amendoim (amendoim)

5 ml / 1 colher de chá de sal

Esmagar 1 dente de alho

350 g / 12 onças aspargos

120 ml / 4 fl oz / ½ xícara de caldo de galinha

15 ml / 1 colher de sopa de molho de soja

Coloque o bife em uma tigela. Misture o molho de soja, vinho ou xerez e 30 ml / 2 colheres de milho, despeje sobre o filé e misture bem. Deixe marinar por 30 minutos. Aqueça o azeite com o sal e o alho e frite até o alho dourar um pouco. Adicione a carne e a marinada e frite por 4 minutos. Adicione os aspargos e frite delicadamente por 2 minutos. Adicione a sopa e o molho de soja, deixe ferver e cozinhe, mexendo, por 3 minutos, até a carne ficar macia. Misture o fubá restante com um pouco de água ou caldo e misture ao molho. Cozinhe em fogo baixo, mexendo, por alguns minutos até o molho clarear e engrossar.

Carne com broto de bambu

para 4 pessoas

45 ml / 3 colheres de sopa de óleo de amendoim (amendoim)
Esmagar 1 dente de alho
1 cebolinha (capula), finamente picada
1 fatia de raiz de gengibre, picada
225 g / 8 onças de carne magra, cortada em tiras
100 g de broto de bambu
45 ml / 3 colheres de sopa de molho de soja
15 ml / 1 colher de sopa de vinho de arroz ou xerez seco
5 ml / 1 colher de chá de farinha de milho (amido de milho)

Aqueça o azeite e frite o alho, a cebolinha e o gengibre até dourar levemente. Adicione a carne e cozinhe por 4 minutos até dourar levemente. Adicione brotos de bambu e frite por 3 minutos. Adicione o molho de soja, vinho ou xerez e amido de milho e cozinhe por 4 minutos.

Carne com brotos de bambu e cogumelos

para 4 pessoas

225 g / 8 onças de carne magra
45 ml / 3 colheres de sopa de óleo de amendoim (amendoim)
1 fatia de raiz de gengibre, picada
100 g de broto de bambu cortado em tiras
100 g de cogumelos, cortados em rodelas
45 ml / 3 colheres de sopa de vinho de arroz ou xerez seco
5 ml / 1 colher de chá de açúcar
10 ml / 2 colheres de chá de molho de soja
sal pimenta
120 ml / 4 fl oz / ¬Ω xícaras de caldo de carne
15 ml / 1 colher de sopa de farinha de milho (amido de milho)
30 ml / 2 colheres de sopa de água

Corte a carne em fatias finas contra o grão. Aqueça o óleo e frite o gengibre por alguns segundos. Adicione a carne e frite até dourar. Adicione brotos de bambu e cogumelos e frite por 1 minuto. Adicione vinho ou xerez, açúcar e molho de soja e tempere com sal e pimenta. Adicione a sopa, deixe ferver, tampe e cozinhe por 3 minutos. Misture o fubá com a água, misture na panela e mexa até o molho engrossar.

carne assada chinesa

para 4 pessoas

45 ml / 3 colheres de sopa de óleo de amendoim (amendoim)
900 g / 2 lb bife de ribeye
1 cebolinha (capula), fatiada
1 dente de alho picado
1 fatia de raiz de gengibre, picada
60 ml / 4 colheres de sopa de molho de soja
30 ml / 2 colheres de sopa de vinho de arroz ou xerez seco
5 ml / 1 colher de chá de açúcar
5 ml / 1 colher de chá de sal
uma pitada de pimenta
750 ml / ponto 1/3 xícaras de água fervente

Aqueça o óleo e frite rapidamente a carne de todos os lados. Adicione cebolinha, alho, gengibre, molho de soja, vinho ou xerez, açúcar, sal e pimenta. Deixe ferver enquanto mexe. Adicione água fervente, deixe ferver novamente, mexendo, tampe e cozinhe por cerca de 2 horas até que a carne esteja macia.

Carne com broto de feijão

para 4 pessoas

450 g / 1 lb de carne magra, fatiada

1 clara de ovo

30 ml / 2 colheres de sopa de óleo de amendoim

15 ml / 1 colher de sopa de farinha de milho (amido de milho)

15 ml / 1 colher de sopa de molho de soja

100 g de broto de feijão

25 g / 1 onça chucrute, picado

1 malagueta vermelha, ralada

2 cebolinhas, raladas

2 fatias de raiz de gengibre, raladas

Sal

5 ml / 1 colher de chá de molho de ostra

5 ml / 1 colher de chá de óleo de gergelim

Misture a carne com a clara, metade do óleo, o amido de milho e o molho de soja e deixe descansar por 30 minutos. Escalde os brotos de feijão em água fervente por cerca de 8 minutos até ficarem quase macios e depois escorra. Aqueça o óleo restante e frite levemente a carne, depois retire da panela. Adicione o chucrute, a pimenta malagueta, o gengibre, o sal, o molho de ostra e o óleo de gergelim e frite por 2 minutos. Adicione os brotos de feijão e frite por 2 minutos. Retorne a carne para a panela e frite até ficar bem misturado e aquecido. Sirva imediatamente.

carne com brócolis

para 4 pessoas

450 g / 1 lb de bife assado, em fatias finas
30 ml / 2 colheres de farinha de milho (amido de milho)
15 ml / 1 colher de sopa de vinho de arroz ou xerez seco
15 ml / 1 colher de sopa de molho de soja
30 ml / 2 colheres de sopa de óleo de amendoim
5 ml / 1 colher de chá de sal
Esmagar 1 dente de alho
225 g / 8 onças floretes de brócolis
150 ml / ¬º pt / generosa ¬Ω xícara de caldo de carne

Coloque o bife em uma tigela. Misture 15 ml / 1 colher de sopa de fubá com vinho ou xerez e molho de soja, acrescente a carne e deixe marinar por 30 minutos. Aqueça o azeite com o sal e o alho e frite até o alho dourar um pouco. Adicione o bife e a marinada e frite por 4 minutos. Adicione o brócolis e frite por 3 minutos. Adicione o caldo, deixe ferver, tampe e cozinhe por 5 minutos até que o brócolis esteja macio, mas ainda crocante. Misture os grãos de milho restantes com um pouco de água e misture ao molho. Cozinhe em fogo baixo, mexendo, até o molho ficar claro e engrossar.

Carne com gergelim e brócolis

para 4 pessoas

150 g / 5 onças de carne magra, em fatias finas
2,5 ml / ¬Ω colheres de chá de molho de ostra
5 ml / 1 colher de chá de farinha de milho (amido de milho)
5 ml / 1 colher de chá de vinagre de vinho branco
60 ml / 4 colheres de sopa de óleo de amendoim
100 g de florzinhas de brócolis
5 ml / 1 colher de chá de molho de peixe

2,5 ml / ¬Ω colher de chá de molho de soja
250 ml / 8 fl oz / 1 xícara de caldo de carne
30 ml / 2 colheres de sopa de sementes de gergelim

Marinar a carne com molho de ostra, 2,5 ml / ¬Ω colher de chá de farinha de milho, 2,5 ml / ¬Ω colher de chá de vinagre de vinho e 15 ml / 1 colher de sopa de óleo por 1 hora.

Enquanto isso, aqueça 15 ml / 1 colher de chá de óleo, adicione brócolis, 2,5 ml / ¬Ω colheres de chá de molho de peixe, molho de soja e o restante vinagre de vinho e cubra com água fervente. Cozinhe em fogo baixo por cerca de 10 minutos até ficar macio.

Em um recipiente separado, aqueça 30 ml / 2 colheres de sopa de óleo e frite rapidamente a carne até dourar. Adicione a sopa, o restante do fubá e o molho de peixe, deixe ferver, tampe e cozinhe por cerca de 10 minutos até a carne ficar macia. Escorra o brócolis e coloque no fogão. Espalhe a carne por cima e polvilhe generosamente com sementes de gergelim.

Carne grelhada

para 4 pessoas

450g/1lb bife magro, fatiado

60 ml / 4 colheres de sopa de molho de soja

2 dentes de alho, picados

5 ml / 1 colher de chá de sal

2,5 ml / ¬Ω colher de chá de pimenta moída na hora

10 ml / 2 colheres de chá de açúcar

Misture todos os ingredientes e deixe descansar por 3 horas. Asse ou grelhe (frite) em uma grelha aquecida por cerca de 5 minutos de cada lado.

carne cantonesa

para 4 pessoas

30 ml / 2 colheres de farinha de milho (amido de milho)
2 claras de ovo batidas
450 g / 1 lb bife, cortado em tiras
óleo para fritar
4 talos de aipo cortados em rodelas
2 cebolas finamente picadas
60 ml / 4 colheres de sopa de água
20 ml / 4 colheres de chá de sal
75 ml / 5 colheres de sopa de molho de soja
60 ml / 4 colheres de sopa de vinho de arroz ou xerez seco
30 ml / 2 colheres de sopa de açúcar
pimenta moída na hora

Misture metade do amido de milho com a clara de ovo. Adicione o bife e mexa para cobrir a carne com a massa. Aqueça o óleo e frite o bife até dourar. Retire da tigela e escorra em papel de cozinha. Aqueça 15 ml / 1 colher de sopa de óleo e frite o aipo e a cebola por 3 minutos. Adicione a carne, a água, o sal, o molho de soja, o vinho ou xerez e o açúcar e tempere com pimenta. Deixe ferver e cozinhe, mexendo, até o molho engrossar.

Vitela com cenoura

para 4 pessoas

30 ml / 2 colheres de sopa de óleo de amendoim
450 g/lb de carne magra, em cubos
2 cebolinhas, fatiadas
2 dentes de alho, picados
1 fatia de raiz de gengibre, picada
250 ml / 8 fl oz / 1 xícara de molho de soja
30 ml / 2 colheres de sopa de vinho de arroz ou xerez seco
30 ml / 2 colheres de sopa de açúcar mascavo
5 ml / 1 colher de chá de sal
600 ml / 1 pt / 2 Ω xícaras de água
4 cenouras cortadas na diagonal

Aqueça o óleo e frite a carne até dourar levemente. Escorra o excesso de óleo e acrescente a cebolinha, o alho, o gengibre e o anis que fritou por 2 minutos. Adicione o molho de soja, vinho ou xerez, açúcar e sal e misture bem. Adicione a água, deixe ferver, tampe e cozinhe por 1 hora. Adicione as cenouras, tampe e cozinhe por mais 30 minutos. Retire a tampa e cozinhe até que o molho desapareça.

Carne com castanha de caju

para 4 pessoas

60 ml / 4 colheres de sopa de óleo de amendoim
450 g / 1 lb de bife assado, em fatias finas
8 cebolinhas, em cubos
2 dentes de alho, picados
1 fatia de raiz de gengibre, picada
75 g / 3 oz / ¬œ xícara de castanha de caju torrada
120 ml / 4 fl oz / ¬Ω xícara de água
20 ml / 4 colheres de chá de farinha de milho (amido de milho)
20 ml / 4 colheres de chá de molho de soja
5 ml / 1 colher de chá de óleo de gergelim
5 ml / 1 colher de chá de molho de ostra
5 ml / 1 colher de chá de molho de pimenta

Aqueça metade do óleo e frite a carne até dourar levemente. Retire da tigela. Aqueça o óleo restante e frite a cebolinha, o alho, o gengibre e a castanha de caju por 1 minuto. Volte a carne para a panela. Misture os outros ingredientes e misture a mistura na panela. Leve ao fogo e cozinhe mexendo sempre até a mistura engrossar.

Caçarola de carne de fogão lento

para 4 pessoas

30 ml / 2 colheres de sopa de óleo de amendoim
450 g / 1 lb de carne assada, em cubos
3 fatias de raiz de gengibre, moídas
3 cenouras fatiadas
1 nabo cortado em cubos
15 ml/1 colher de sopa de tâmaras pretas esmagadas
15 ml / 1 colher de sopa de sementes de lótus
30 ml / 2 colheres de sopa de pasta de tomate (massa)
10 ml / 2 colheres de sopa de sal
900 ml / 1¬Ω pt / 3¬œ xícaras de caldo de carne
250 ml / 8 fl oz / 1 xícara de vinho de arroz ou xerez seco

Aqueça o óleo em uma frigideira grande ou frigideira e frite a carne até dourar de todos os lados.

Carne com couve-flor

para 4 pessoas

225 g / 8 onças floretes de couve-flor

óleo para fritar

225 g de carne bovina, cortada em tiras

50 g de broto de bambu cortado em tiras

10 castanhas d'água cortadas em tiras

120 ml / 4 fl oz / ½ xícara de caldo de galinha

15 ml / 1 colher de sopa de molho de soja

15 ml / 1 colher de sopa de molho de ostra

15 ml / 1 colher de sopa de extrato de tomate (macarrão)

15 ml / 1 colher de sopa de farinha de milho (amido de milho)

2,5 ml / ½ colher de chá de óleo de gergelim

Cozinhe a couve-flor em água fervente por 2 minutos e depois escorra. Aqueça o óleo e frite a couve-flor até dourar um pouco. Retire e escorra em papel de cozinha. Aqueça o óleo e frite a carne até dourar levemente, depois retire e escorra. Despeje tudo menos 15 ml/1 colher de sopa de óleo e refogue os brotos de bambu e as castanhas por 2 minutos. Junte os demais ingredientes, leve ao fogo e cozinhe mexendo sempre até o molho engrossar. Retorne a carne e a couve-flor para a panela e aqueça delicadamente. Sirva imediatamente.

Vitela com aipo

para 4 pessoas

100 g / 4 onças de aipo, cortado em tiras
45 ml / 3 colheres de sopa de óleo de amendoim (amendoim)
2 cebolinhas, picadas
1 fatia de raiz de gengibre, picada
225 g / 8 onças de carne magra, cortada em tiras
30 ml / 2 colheres de sopa de molho de soja
30 ml / 2 colheres de sopa de vinho de arroz ou xerez seco
2,5 ml / ¬Ω colher de chá de açúcar
2,5 ml / ¬Ω colher de chá de sal

Escalde o aipo em água fervente por 1 minuto e depois escorra bem. Aqueça o óleo e frite a cebolinha e o gengibre até dourar levemente. Adicione a carne e frite por 4 minutos. Adicione o aipo e frite por 2 minutos. Adicione o molho de soja, vinho ou xerez, açúcar e sal e cozinhe por 3 minutos.

Fatias de carne assada com aipo

para 4 pessoas

30 ml / 2 colheres de sopa de óleo de amendoim

450 g / 1 lb de carne magra, fatiada

3 talos de aipo, ralados

1 cebola, ralada

1 cebolinha (capula), fatiada

1 fatia de raiz de gengibre, picada

30 ml / 2 colheres de sopa de molho de soja

15 ml / 1 colher de sopa de vinho de arroz ou xerez seco

2,5 ml / ½ colher de chá de açúcar

2,5 ml / ½ colher de chá de sal

10 ml / 2 colheres de chá de farinha de milho (amido de milho)

30 ml / 2 colheres de sopa de água

Aqueça metade do óleo e frite a carne por 1 minuto. Retire da tigela. Aqueça o restante azeite e frite o aipo, a cebola, a cebolinha e o gengibre até amolecerem um pouco. Volte a carne para a panela com molho de soja, vinho ou xerez, açúcar e sal, deixe ferver e dourar. Misture o fubá com a água, mexa na panela e cozinhe até o molho engrossar. Sirva imediatamente.

Carne ralada com frango e aipo

para 4 pessoas

4 cogumelos chineses secos
45 ml / 3 colheres de sopa de óleo de amendoim (amendoim)
2 dentes de alho, picados
1 raiz de gengibre fatiada, moída
5 ml / 1 colher de chá de sal
100 g / 4 onças de carne magra, cortada em tiras
100 g de frango cortado em tiras
2 cenouras, cortadas em tiras
2 talos de aipo cortados em tiras
4 cebolinhas, cortadas em tiras
5 ml / 1 colher de chá de açúcar
5 ml / 1 colher de chá de molho de soja
5 ml / 1 colher de chá de vinho de arroz ou xerez seco
45 ml / 3 colheres de sopa de água
5 ml / 1 colher de chá de farinha de milho (amido de milho)

Mergulhe os cogumelos em água morna por 30 minutos e depois filtre. Descarte os talos e corte as pontas. Aqueça o óleo e frite o alho, o gengibre e o sal até dourar levemente. Adicione a carne e o frango e cozinhe até começar a dourar. Adicione aipo, cebolinha, açúcar, molho de soja, vinho ou xerez e água e leve para ferver. Cubra e cozinhe por cerca de 15 minutos até que a carne esteja macia. Misture a farinha de milho com um pouco de água, misture com o molho e cozinhe até o molho engrossar.

Carne com Chile

para 4 pessoas

450 g / 1 lb de lombo, cortado em tiras
45 ml / 3 colheres de sopa de molho de soja
15 ml / 1 colher de sopa de vinho de arroz ou xerez seco
15 ml / 1 colher de sopa de açúcar mascavo
15 ml / 1 colher de sopa de raiz de gengibre finamente picada
30 ml / 2 colheres de sopa de óleo de amendoim
50 g de broto de bambu cortado em palitos
1 cebola cortada em tiras

1 talo de aipo cortado em palitos
2 pimentões vermelhos, sem sementes e cortados em tiras
120 ml / 4 fl oz / ¬Ω xícara de caldo de galinha
15 ml / 1 colher de sopa de farinha de milho (amido de milho)

Coloque o bife em uma tigela. Misture o molho de soja, vinho ou xerez, açúcar e gengibre e misture no bife. Deixe marinar por 1 hora. Retire o bife da marinada. Aqueça metade do óleo e frite o broto de bambu, a cebola, o aipo e o pimentão por 3 minutos, depois retire da panela. Aqueça o óleo restante e cozinhe o bife por 3 minutos. Adicione a marinada, ferva e adicione os legumes fritos. Cozinhe em fogo baixo mexendo por 2 minutos. Misture a sopa e os grãos de milho e adicione à panela. Deixe ferver e cozinhe, mexendo, até o molho clarear e engrossar.

Repolho Chinês

para 4 pessoas

225 g / 8 onças de carne magra
30 ml / 2 colheres de sopa de óleo de amendoim
350 g / 12 oz bok choy, ralado
120 ml / 4 fl oz / ¬Ω xícaras de caldo de carne
sal e pimenta moída na hora
10 ml / 2 colheres de chá de farinha de milho (amido de milho)
30 ml / 2 colheres de sopa de água

Corte a carne em fatias finas contra o grão. Aqueça o óleo e frite a carne até dourar. Adicione o bok choy e refogue até ficar levemente macio. Adicione a sopa, ferva, tempere com sal e pimenta. Tampe e cozinhe por 4 minutos até que a carne esteja macia. Misture o fubá com a água, misture na panela e mexa até o molho engrossar.

bife suey

para 4 pessoas

3 talos de aipo cortados em rodelas
100 g de broto de feijão
100 g de florzinhas de brócolis
60 ml / 4 colheres de sopa de óleo de amendoim
3 cebolinhas, picadas
2 dentes de alho, picados
1 fatia de raiz de gengibre, picada
225 g / 8 onças de carne magra, cortada em tiras
45 ml / 3 colheres de sopa de molho de soja
15 ml / 1 colher de sopa de vinho de arroz ou xerez seco
5 ml / 1 colher de chá de sal
2,5 ml / ¬Ω colher de chá de açúcar
pimenta moída na hora
15 ml / 1 colher de sopa de farinha de milho (amido de milho)

Escalde o aipo, o broto de feijão e o brócolis em água fervente por 2 minutos, depois escorra e seque. Aqueça 45 ml / 3 colheres de sopa de óleo e frite a cebolinha, o alho e o gengibre até dourar levemente. Adicione a carne e frite por 4 minutos. Retire da tigela. Aqueça o óleo restante e frite os legumes por 3 minutos. Adicione a carne, molho de soja, vinho ou xerez, sal, açúcar e uma pitada de pimenta e frite por 2 minutos. Misture o fubá com um pouco de água, misture na panela e leve ao fogo mexendo sempre até o molho clarear e engrossar.

Vitela com pepino

para 4 pessoas

450 g / 1 lb de bife assado, em fatias finas
45 ml / 3 colheres de sopa de molho de soja
30 ml / 2 colheres de farinha de milho (amido de milho)
60 ml / 4 colheres de sopa de óleo de amendoim
2 pepinos, descascados, sem caroço e fatiados
60 ml / 4 colheres de sopa de caldo de galinha
30 ml / 2 colheres de sopa de vinho de arroz ou xerez seco
sal e pimenta moída na hora

Coloque o bife em uma tigela. Misture o molho de soja e os grãos de milho e adicione o bife. Deixe marinar por 30 minutos. Aqueça metade do óleo e frite o pepino por 3 minutos até ficar transparente, depois retire da panela. Aqueça o óleo restante e frite o bife até dourar. Adicione o pepino e frite por 2 minutos. Adicione o caldo, vinho ou xerez e tempere com sal e pimenta. Deixe ferver, tampe e cozinhe por 3 minutos.

Beef Chow Mein

para 4 pessoas

750 g / 1 ¬Ω lb filé mignon

2 cebolas

45 ml / 3 colheres de sopa de molho de soja

45 ml / 3 colheres de sopa de vinho de arroz ou xerez seco

15 ml / 1 colher de sopa de manteiga de amendoim

5 ml / 1 colher de chá de suco de limão

350 g de massa de ovo

60 ml / 4 colheres de sopa de óleo de amendoim

175 ml / 6 onças fluidas / ¬œ xícara de caldo de galinha
15 ml / 1 colher de sopa de farinha de milho (amido de milho)
30 ml / 2 colheres de sopa de molho de ostra
4 cebolinhas, picadas
3 talos de aipo cortados em rodelas
100 g de cogumelos, cortados em rodelas
1 pimentão verde cortado em tiras
100 g de broto de feijão

Apare e retire a gordura da carne. Corte em fatias finas no sentido do grão. Corte a cebola em rodelas, separe as camadas. Misture 15 ml / 1 colher de sopa de molho de soja com 15 ml / 1 colher de sopa de vinho ou xerez, manteiga de amendoim e suco de limão. Adicione a carne, tampe e deixe descansar por 1 hora. Cozinhe o macarrão em água fervente por cerca de 5 minutos ou até ficar macio. Seque bem. Aqueça 15 ml/1 colher de chá de óleo, adicione 15 ml/1 colher de chá de molho de soja e bata e frite por 2 minutos até dourar levemente. Coloque no fogão.

Misture o restante do molho de soja e o vinho ou xerez com o caldo, o fubá e o molho de ostra. Aqueça 15 ml / 1 colher de sopa de óleo e frite a cebola por 1 minuto. Adicione o aipo, os cogumelos, a pimenta e os brotos de feijão e frite por 2 minutos. Retire do wok. Aqueça o óleo restante e frite a carne até dourar. Adicione a mistura de sopa, deixe ferver, tampe e cozinhe por 3 minutos. Retorne os legumes para a wok e frite por cerca de 4 minutos até aquecer. Despeje a mistura sobre o macarrão e sirva.

filé de pepino

para 4 pessoas
450 g / 1 lb. bife grelhado
10 ml / 2 colheres de chá de farinha de milho (amido de milho)
10 ml / 2 colheres de chá de sal
2,5 ml / ¬Ω colher de chá de pimenta moída na hora
90 ml / 6 colheres de sopa de óleo de amendoim (amendoim)
1 cebola finamente picada
1 pepino, descascado e fatiado
120 ml / 4 fl oz / ¬Ω xícaras de caldo de carne

Corte o filé em tiras e depois em fatias finas em relação ao olho. Coloque em uma tigela e adicione o amido de milho, sal, pimenta e metade do óleo. Deixe marinar por 30 minutos. Aqueça o óleo restante e frite a carne e a cebola até dourar levemente. Adicione o pepino e a sopa, deixe ferver, tampe e cozinhe por 5 minutos.

carne assada ao curry

para 4 pessoas

45 ml / 3 colheres de sopa de manteiga

15 ml / 1 colher de sopa de caril em pó

45 ml / 3 colheres de sopa de farinha de trigo (para todos os fins)

375 ml / 13 fl oz / 1 Ω xícara de leite

15 ml / 1 colher de sopa de molho de soja

sal e pimenta moída na hora

450 g / 1 lb de carne cozida, moída

100 g de ervilha

2 cenouras, bem picadas

2 cebolas finamente picadas

225 g / 8 onças de arroz de grão longo cozido, quente

1 ovo cozido (cozido), fatiado

Derreta a manteiga, acrescente o curry e a farinha e cozinhe por 1 minuto. Adicione o leite e o molho de soja, deixe ferver e cozinhe por 2 minutos, mexendo. Adicione sal e pimenta. Adicione a carne, ervilhas, cenouras e cebolas e misture bem para cobrir com o molho. Adicione o arroz, transfira a mistura para uma assadeira e leve ao forno pré-aquecido a 200 ∞C /

400 ºF / gás marca 6 por 20 minutos, até que os legumes estejam macios. Sirva decorado com fatias de ovo cozido.

presunto cozido no vapor

É servido das 6 às 8

900 g / 2 libras de presunto fresco
30 ml / 2 colheres de sopa de açúcar mascavo
60 ml / 4 colheres de sopa de vinho de arroz ou xerez seco

Coloque o presunto em um refratário na grelha, tampe e cozinhe em água fervente por cerca de 1 hora. Adicione o açúcar e o vinho ou xerez à panela, tampe e cozinhe por mais 1 hora ou até que o presunto esteja cozido. Deixe esfriar em uma tigela antes de cortar.

bacon com repolho

para 4 pessoas

4 fatias de bacon cortadas em cubos e picadas
2,5 ml / ½ colher de chá de sal
1 fatia de raiz de gengibre, picada
½ repolho picado
75 ml / 5 colheres de sopa de caldo de galinha
15 ml / 1 colher de sopa de molho de ostra

Frite o bacon até ficar crocante e retire da frigideira. Adicione sal e gengibre e frite por 2 minutos. Adicione o repolho e misture bem, depois acrescente o bacon e a sopa, tampe e cozinhe por aprox. 5 minutos até que o repolho esteja macio, mas ainda levemente crocante. Adicione o molho de ostra, tampe e cozinhe por 1 minuto antes de servir.

Frango com amêndoas

Para 4-6 porções

375 ml / 13 fl oz / 1 ½ xícaras de caldo de galinha
60 ml / 4 colheres de sopa de vinho de arroz ou xerez seco
45 ml / 3 colheres de sopa de farinha de milho (amido de milho)
15 ml / 1 colher de sopa de molho de soja
4 peitos de frango
1 clara de ovo
2,5 ml / ½ colher de chá de sal
óleo para fritar
75 g / 3 onças / ½ xícara de amêndoas descascadas
1 cenoura grande, em cubos
5 ml / 1 colher de chá de raiz de gengibre ralada
6 cebolinhas, fatiadas
3 talos de aipo cortados em rodelas
100 g de cogumelos, cortados em rodelas
100 g de broto de bambu cortado em tiras

Misture a sopa, metade do vinho ou xerez, 30 ml/2 colheres de fubá e molho de soja em uma panela. Deixe ferver sem parar de mexer e cozinhe por 5 minutos até a mistura engrossar. Retire do fogo e mantenha aquecido.

Retire a pele e os ossos do frango e corte em pedaços de 1/1 polegada. Junte o restante vinho ou xerez e o amido de milho, as claras e o sal, acrescente os pedaços de frango e misture bem. Aqueça o óleo e frite os pedaços de frango um a um até dourar por cerca de 5 minutos. Seque bem. Retire tudo da panela, exceto 30 ml / 2 colheres de sopa de óleo e refogue as amêndoas por 2 minutos até dourar. Seque bem. Adicione a cenoura e o gengibre à panela e frite por 1 minuto. Adicione o restante dos legumes e refogue por cerca de 3 minutos, até que os legumes estejam macios, mas ainda crocantes. Retorne o frango e as amêndoas para a panela com o molho e mexa em fogo médio por alguns minutos até aquecer.

Frango com amêndoas e castanha de água

para 4 pessoas

6 cogumelos chineses secos
4 pedaços de frango sem osso
100 g / 4 onças de amêndoas moídas
sal e pimenta moída na hora
60 ml / 4 colheres de sopa de óleo de amendoim
100 g / 4 oz castanhas d'água, fatiadas
75 ml / 5 colheres de sopa de caldo de galinha
30 ml / 2 colheres de sopa de molho de soja

Mergulhe os cogumelos em água morna por 30 minutos e depois filtre. Descarte os talos e corte as pontas. Corte o peito de frango em fatias finas. Tempere as amêndoas generosamente com sal e pimenta e polvilhe as fatias de frango com amêndoas. Aqueça o óleo e frite o frango até dourar levemente. Adicione os cogumelos, as castanhas d'água, o caldo e o molho de soja, deixe ferver, tampe e cozinhe por alguns minutos até que o frango esteja macio.

Frango com amêndoas e legumes

para 4 pessoas

75 ml / 5 colheres de sopa de óleo de amendoim (amendoim)
4 fatias de raiz de gengibre picada
5 ml / 1 colher de chá de sal
100 g / 4 oz bok choy, ralado
50g de broto de bambu cortado em cubos
50 g de cogumelos cortados em cubos
2 talos de aipo, em cubos
3 castanhas d'água, cortadas em cubos
120 ml / 4 fl oz / ½ xícara de caldo de galinha
225 g de peito de frango cortado em cubos
15 ml / 1 colher de sopa de vinho de arroz ou xerez seco
50 g de ervilhas (ervilhas)
100 g de amêndoa laminada, frita
10 ml / 2 colheres de chá de farinha de milho (amido de milho)
15 ml / 1 colher de sopa de água

Aqueça metade do óleo e frite o gengibre e o sal por 30 segundos. Adicione o repolho, brotos de bambu, cogumelos, aipo e castanhas de água e frite por 2 minutos. Adicione a sopa, deixe ferver, tampe e cozinhe por 2 minutos. Retire os legumes e o molho da panela. Aqueça o óleo restante e frite o frango por 1 minuto. Adicione vinho ou xerez e cozinhe por 1 minuto. Retorne os legumes para a panela com as ervilhas e as amêndoas e refogue por 30 segundos. Misture o fubá com a água até virar uma pasta, misture com o molho e cozinhe, mexendo, até o molho engrossar.

frango anis

para 4 pessoas

75 ml / 5 colheres de sopa de óleo de amendoim (amendoim)

2 cebolas finamente picadas

1 dente de alho picado

2 fatias de raiz de gengibre picada

15 ml / 1 colher de sopa de farinha de trigo

30 ml / 2 colheres de sopa de caril em pó

450g/kg de frango, em cubos

15 ml / 1 colher de sopa de açúcar

30 ml / 2 colheres de sopa de molho de soja

450 ml / ¾ pt / 2 xícaras de caldo de galinha

2 cravos-da-índia de anis estrelado

225 g / 8 onças de batatas, em cubos

Aqueça metade do óleo e frite a cebola até dourar levemente, depois retire da panela. Aqueça o óleo restante e frite o alho e o gengibre por 30 segundos. Adicione a farinha e o curry em pó e cozinhe por 2 minutos. Volte a cebola para a panela, acrescente o frango e frite por 3 minutos. Adicione o açúcar, o molho de soja, o caldo e as sementes de erva-doce, deixe ferver, tampe e cozinhe por 15 minutos. Adicione as batatas, deixe ferver, tampe e cozinhe por mais 20 minutos até ficarem macias.

frango com damasco

para 4 pessoas

4 pedaços de frango
sal e pimenta moída na hora
uma pitada de gengibre moído
60 ml / 4 colheres de sopa de óleo de amendoim
225 g / 8 oz damascos enlatados, cortados ao meio
300 ml / ½ pt / 1 ¼ xícaras de molho agridoce
30 ml / 2 colheres de sopa de folhas de amêndoa, fritas

Tempere o frango com sal, pimenta e gengibre. Aqueça o óleo e frite o frango até dourar levemente. Cubra e cozinhe por cerca de 20 minutos até ficar macio, virando ocasionalmente. Escorra o óleo. Adicione os damascos e o molho à panela, deixe ferver, tampe e cozinhe por cerca de 5 minutos ou até aquecer. Decore com amêndoas picadas.

frango com espargos

para 4 pessoas

45 ml / 3 colheres de sopa de óleo de amendoim (amendoim)

5 ml / 1 colher de chá de sal

Esmagar 1 dente de alho

1 cebolinha (capula), finamente picada

1 peito de frango fatiado

30 ml / 2 colheres de sopa de molho de feijão preto

350 g / 12 onças aspargos, cortados em pedaços de 2,5 cm / 1

120 ml / 4 fl oz / ½ xícara de caldo de galinha

5 ml / 1 colher de chá de açúcar

15 ml / 1 colher de sopa de farinha de milho (amido de milho)

45 ml / 3 colheres de sopa de água

Aqueça metade do azeite e refogue o sal, o alho e a cebolinha até dourar levemente. Adicione o frango e frite até dourar. Adicione o molho de feijão preto e misture para cobrir o frango. Adicione os aspargos, o caldo e o açúcar, deixe ferver, tampe e cozinhe por 5 minutos até o frango ficar macio. Misture o fubá e a água em uma pasta, misture na panela e cozinhe, mexendo, até o molho clarear e engrossar.

frango com berinjela

para 4 pessoas

225 g / 8 onças de frango, fatiado
15 ml / 1 colher de sopa de molho de soja
15 ml / 1 colher de sopa de vinho de arroz ou xerez seco
15 ml / 1 colher de sopa de farinha de milho (amido de milho)
1 berinjela (berinjela), descascada e cortada em tiras
30 ml / 2 colheres de sopa de óleo de amendoim
2 pimentões vermelhos secos
2 dentes de alho, picados
75 ml / 5 colheres de sopa de caldo de galinha

Coloque o frango em uma tigela. Misture o molho de soja, vinho ou xerez e amido de milho, adicione ao frango e deixe descansar por 30 minutos. Escalde a berinjela em água fervente por 3 minutos e escorra bem. Aqueça o óleo e frite os pimentões até escurecerem, depois retire e jogue fora. Adicione o alho e o frango e frite até dourar levemente. Adicione a sopa e a berinjela, deixe ferver, tampe e cozinhe por 3 minutos, mexendo de vez em quando.

Rolinho De Frango Com Bacon

Para 4-6 porções

225 g / 8 onças de frango, em cubos
30 ml / 2 colheres de sopa de molho de soja
15 ml / 1 colher de sopa de vinho de arroz ou xerez seco
5 ml / 1 colher de chá de açúcar
5 ml / 1 colher de chá de óleo de gergelim
sal e pimenta moída na hora
225 g / 8 oz fatias de bacon
1 ovo, levemente batido
100 g de farinha de trigo
óleo para fritar
4 tomates, cortados em rodelas

Misture o frango com molho de soja, vinho ou xerez, açúcar, óleo de gergelim, sal e pimenta. Cubra e deixe marinar por 1 hora, mexendo ocasionalmente, depois retire o frango e descarte a marinada. Corte o bacon em pedaços e passe sobre os cubos de frango. Bata os ovos com a farinha até formar uma espuma firme, se necessário acrescente um pouco de leite. Mergulhe os cubos na massa. Aqueça o óleo e frite os cubos até ficarem dourados e salteados. Sirva decorado com tomates.

Frango com broto de feijão

para 4 pessoas

45 ml / 3 colheres de sopa de óleo de amendoim (amendoim)
Esmagar 1 dente de alho
1 cebolinha (capula), finamente picada
1 fatia de raiz de gengibre, picada
225 g de peito de frango cortado em fatias
225 g de rebentos de feijão
45 ml / 3 colheres de sopa de molho de soja
15 ml / 1 colher de sopa de vinho de arroz ou xerez seco
5 ml / 1 colher de chá de farinha de milho (amido de milho)

Aqueça o azeite e frite o alho, a cebolinha e o gengibre até dourar levemente. Adicione o frango e frite por 5 minutos. Adicione os brotos de feijão e frite por 2 minutos. Adicione o molho de soja, vinho ou xerez e grãos de milho e cozinhe por cerca de 3 minutos até que o frango esteja macio.

Frango com molho de feijão preto

para 4 pessoas

30 ml / 2 colheres de sopa de óleo de amendoim

5 ml / 1 colher de chá de sal

30 ml / 2 colheres de sopa de molho de feijão preto

2 dentes de alho, picados

450g/kg de frango, em cubos

250 ml / 8 fl oz / 1 xícara de caldo

1 pimentão verde, em cubos

1 cebola finamente picada

15 ml / 1 colher de sopa de molho de soja

pimenta moída na hora

15 ml / 1 colher de sopa de farinha de milho (amido de milho)

45 ml / 3 colheres de sopa de água

Aqueça o óleo e frite o sal, o feijão preto e o alho por 30 segundos. Adicione o frango e frite até dourar levemente. Adicione a sopa, deixe ferver, tampe e cozinhe por 10 minutos. Adicione páprica, cebola, molho de soja e páprica, tampe e cozinhe por mais 10 minutos. Misture o fubá com a água até formar uma pasta, acrescente o molho e cozinhe, mexendo, até o molho engrossar e o frango ficar macio.

frango com brócolis

para 4 pessoas

450 g / 1 lb frango, em cubos

225 g / 8 onças de fígado de galinha

45 ml / 3 colheres de sopa de farinha de trigo (para todos os fins)

45 ml / 3 colheres de sopa de óleo de amendoim (amendoim)

1 cebola cortada em cubos

1 pimenta vermelha, em cubos

1 pimentão verde, em cubos

225 g / 8 onças floretes de brócolis

4 fatias de abacaxi cortadas em cubos

30 ml / 2 colheres de sopa de pasta de tomate (massa)

30 ml / 2 colheres de sopa de molho hoisin

30 ml / 2 colheres de mel

30 ml / 2 colheres de sopa de molho de soja

300 ml / ½ pt / 1 ¼ xícaras de caldo de galinha

10 ml / 2 colheres de chá de óleo de gergelim

Misture o fígado de galinha e o fígado de galinha na farinha. Aqueça o óleo e frite os fígados por 5 minutos, depois retire-os da panela. Adicione o frango, tampe e cozinhe em fogo moderado por 15 minutos, mexendo de vez em quando. Adicione os legumes e o abacaxi e frite por 8 minutos. Retorne o fígado ao wok, adicione os outros ingredientes e leve para ferver. Cozinhe em fogo baixo, mexendo, até o molho engrossar.

Frango com repolho e amendoim

para 4 pessoas

45 ml / 3 colheres de sopa de óleo de amendoim (amendoim)
30 ml / 2 colheres de sopa de amendoim
450g/kg de frango, em cubos
½ repolho, cortado em cubos
15 ml / 1 colher de sopa de molho de feijão preto
2 pimentões vermelhos, finamente picados
5 ml / 1 colher de chá de sal

Aqueça um pouco de óleo e frite o amendoim por alguns minutos, mexendo sempre. Retire, escorra e triture. Aqueça o óleo restante e frite o frango e o repolho até dourar levemente. Retire da tigela. Adicione o feijão preto e o molho de pimenta e frite por 2 minutos. Retorne o frango e o repolho à panela com amendoim moído e sal. Cozinhe até aquecer e sirva imediatamente.

Frango com caju

para 4 pessoas

30 ml / 2 colheres de sopa de molho de soja
30 ml / 2 colheres de farinha de milho (amido de milho)
15 ml / 1 colher de sopa de vinho de arroz ou xerez seco
350 g / 12 onças de frango, em cubos
45 ml / 3 colheres de sopa de óleo de amendoim (amendoim)
2,5 ml / ½ colher de chá de sal
2 dentes de alho, picados
225 g de cogumelos, cortados às rodelas
100 g / 4 oz castanhas d'água, fatiadas
100 g de broto de bambu
50 g de ervilhas (ervilhas)
225 g / 8 onças / 2 xícaras de castanha de caju
300 ml / ½ pt / 1 ¼ xícaras de caldo de galinha

Misture o molho de soja, amido de milho e vinho ou xerez, despeje sobre o frango, tampe e deixe marinar por pelo menos 1 hora. Aqueça 30 ml / 2 colheres de sopa de óleo com sal e alho e frite até dourar levemente o alho. Adicione o frango com a marinada e cozinhe por 2 minutos até que o frango esteja levemente dourado. Adicione os cogumelos, as castanhas d'água, os brotos de bambu e as ervilhas e frite por 2 minutos. Durante esse tempo, aqueça o restante do óleo em uma panela separada e frite as castanhas de caju por alguns minutos até que fiquem douradas. Adicione à panela com a sopa, deixe ferver, tampe e cozinhe por 5 minutos. Se o molho não engrossar o suficiente, adicione uma colher de fubá misturado com água e mexa até o molho engrossar e ficar transparente.

frango com castanha

para 4 pessoas

225 g / 8 onças de frango, fatiado
5 ml / 1 colher de chá de sal
15 ml / 1 colher de sopa de molho de soja
óleo para fritar
250 ml / 8 fl oz / 1 xícara de caldo de galinha
200 g / 7 onças de castanhas de água, picadas
225 g / 8 onças de castanhas, picadas
225 g de cogumelos cortados em quartos
15 ml / 1 colher de sopa de salsa fresca picada

Polvilhe o frango com sal e molho de soja e esfregue bem no frango. Aqueça o óleo e frite o peito de frango até dourar, retire e escorra. Coloque o frango na panela com a sopa, deixe ferver e cozinhe por 5 minutos. Adicione as castanhas d'água, as castanhas e os cogumelos, tampe e cozinhe por cerca de 20 minutos, até que tudo esteja macio. Sirva decorado com salsa.

Frango apimentado

para 4 pessoas

350g/1lb de frango, em cubos

1 ovo, levemente batido

10 ml / 2 colheres de chá de molho de soja

2,5 ml / ½ colher de chá de farinha de milho (amido de milho)

óleo para fritar

1 pimentão verde, em cubos

4 dentes de alho, picados

2 pimentões vermelhos, ralados

5 ml / 1 colher de chá de pimenta moída na hora

5 ml / 1 colher de chá de vinagre de vinho

5 ml / 1 colher de chá de água

2,5 ml / ½ colher de chá de açúcar

2,5 ml / ½ colher de chá de óleo de pimenta

2,5 ml / ½ colher de chá de óleo de gergelim

Misture o frango com o ovo, metade do molho de soja e o amido de milho e deixe descansar por 30 minutos. Aqueça o óleo e frite os peitos de frango até dourar, depois escorra bem. Despeje tudo menos 15 ml/1 colher de chá de óleo na panela, adicione pimenta, alho e pimenta e frite por 30 segundos. Adicione pimenta, vinagre de vinho, água e açúcar e cozinhe por 30 segundos. Retorne o frango para a panela e refogue por alguns minutos até ficar macio. Sirva polvilhado com pimenta e óleo de gergelim.

Frango assado com pimenta

para 4 pessoas

225 g / 8 onças de frango, fatiado
2,5 ml / ½ colher de chá de molho de soja
2,5 ml / ½ colher de chá de óleo de gergelim
2,5 ml / ½ colher de chá de vinho de arroz ou xerez seco
5 ml / 1 colher de chá de farinha de milho (amido de milho)
Sal
45 ml / 3 colheres de sopa de óleo de amendoim (amendoim)
100 g / 4 onças de espinafre
4 cebolinhas, picadas
2,5 ml / ½ colher de chá de pimenta em pó
15 ml / 1 colher de sopa de água
1 tomate fatiado

Misture o frango com molho de soja, óleo de gergelim, vinho ou xerez, metade do amido de milho e uma pitada de sal. Deixe repousar por 30 minutos. Aqueça 15 ml / 1 colher de sopa de óleo e frite o frango até dourar levemente. Retire do wok. Aqueça 15 ml / 1 colher de sopa de óleo e frite o espinafre até ficar macio, depois retire da wok. Aqueça o óleo restante e frite a cebolinha, a pimenta em pó, a água e o restante do milho por 2 minutos. Junte o frango e frite rapidamente. Disponha os espinafres à volta da chapa quente, coloque o frango e sirva decorado com os tomates.

Chicken Suey

para 4 pessoas

100 g de folhas chinesas raladas
100 g de broto de bambu cortado em tiras
60 ml / 4 colheres de sopa de óleo de amendoim
3 cebolinhas, fatiadas
2 dentes de alho, picados
1 fatia de raiz de gengibre, picada
225 g de peito de frango cortado em tiras
45 ml / 3 colheres de sopa de molho de soja
15 ml / 1 colher de sopa de vinho de arroz ou xerez seco
5 ml / 1 colher de chá de sal
2,5 ml / ½ colher de chá de açúcar
pimenta moída na hora
15 ml / 1 colher de sopa de farinha de milho (amido de milho)

Escalde as folhas chinesas e os brotos de bambu em água fervente por 2 minutos. Escorra e seque. Aqueça 45 ml / 3 colheres de sopa de óleo e frite a cebola, o alho e o gengibre até dourar levemente. Adicione o frango e frite por 4 minutos. Retire da tigela. Aqueça o óleo restante e frite os legumes por 3 minutos. Adicione o frango, molho de soja, vinho ou xerez, sal, açúcar e uma pitada de pimenta e cozinhe por 1 minuto. Misture o fubá com um pouco de água, misture ao molho e cozinhe mexendo sempre até o molho clarear e engrossar.

chow mein de frango

para 4 pessoas

30 ml / 2 colheres de sopa de óleo de amendoim

2 dentes de alho, picados

450g/kg de frango, fatiado

225 g de brotos de bambu cortados em rodelas

100 g / 4 onças de aipo, fatiado

225 g de cogumelos, cortados às rodelas

450 ml / ¾ pt / 2 xícaras de caldo de galinha

225 g de rebentos de feijão

4 cebolas, cortadas em rodelas

30 ml / 2 colheres de sopa de molho de soja

30 ml / 2 colheres de farinha de milho (amido de milho)

225 g / 8 oz macarrão chinês seco

Aqueça o azeite com o alho até dourar um pouco, acrescente o frango e frite até dourar levemente por 2 minutos. Adicione brotos de bambu, aipo e cogumelos e frite por 3 minutos. Adicione a maior parte da sopa, deixe ferver, tampe e cozinhe por 8 minutos. Adicione o broto de feijão e a cebola e refogue por 2 minutos até restar um pouco de sopa. Misture a sopa restante com molho de soja e amido de milho. Mexa na panela e cozinhe, mexendo, até o molho clarear e engrossar.

Enquanto isso, cozinhe o macarrão por alguns minutos em água fervente com sal de acordo com as instruções da embalagem. Escorra bem, misture com a mistura de frango e sirva imediatamente.

Frango picante crocante

para 4 pessoas

450 g / 1 lb frango cortado em pedaços
30 ml / 2 colheres de sopa de molho de soja
30 ml / 2 colheres de sopa de molho de ameixa
45 ml / 3 colheres de ajvar de manga
Esmagar 1 dente de alho
2,5 ml / ½ colher de chá de gengibre em pó
algumas gotas de aguardente
30 ml / 2 colheres de farinha de milho (amido de milho)
2 ovos batidos
100 g / 4 onças / 1 xícara de farinha de rosca seca
30 ml / 2 colheres de sopa de óleo de amendoim
6 cebolinhas picadas
1 pimenta vermelha, em cubos
1 pimentão verde, em cubos
30 ml / 2 colheres de sopa de molho de soja
30 ml / 2 colheres de mel
30 ml / 2 colheres de sopa de vinagre de vinho

Coloque o frango em uma tigela. Misture os molhos, ajvar, alho, gengibre e conhaque, despeje sobre o frango, tampe e deixe marinar por 2 horas. Escorra o frango e polvilhe com fubá. Pincele o topo com ovo e depois pão ralado. Aqueça o óleo e frite o peito de frango até dourar. Retire da tigela. Adicione os legumes e frite por 4 minutos, depois retire. Escorra o óleo da panela e retorne o frango e os legumes à panela com os outros ingredientes. Deixe ferver e reaqueça antes de servir.

Frango assado com pepino

para 4 pessoas

225 g / 8 onças de frango

1 clara de ovo

2,5 ml / ½ colher de chá de farinha de milho (amido de milho)

Sal

½ pepino

30 ml / 2 colheres de sopa de óleo de amendoim

100 g de cogumelos

50 g de broto de bambu cortado em tiras

50 g / 2 onças de presunto, em cubos

15 ml / 1 colher de sopa de água

2,5 ml / ½ colher de chá de sal

2,5 ml / ½ colher de chá de vinho de arroz ou xerez seco

2,5 ml / ½ colher de chá de óleo de gergelim

Fatie e pique o peito de frango. Misture com a clara em neve, o amido de milho e o sal e deixe repousar. Corte o pepino ao meio no sentido do comprimento e corte na diagonal em fatias mais grossas. Aqueça o óleo e frite o frango até dourar levemente, depois retire da panela. Adicione os pepinos e brotos de bambu e frite por 1 minuto. Retorne o frango à panela com o presunto, água, sal e vinho ou xerez. Leve ao fogo e cozinhe até o frango ficar macio. Sirva polvilhado com óleo de gergelim.

curry de frango

para 4 pessoas

120 ml / 4 fl oz / ½ xícara de óleo de amendoim (amendoim)
4 pedaços de frango
1 cebola finamente picada
5 ml / 1 colher de chá de caril em pó
5 ml / 1 colher de chá de molho de pimenta
15 ml / 1 colher de sopa de vinho de arroz ou xerez seco
2,5 ml / ½ colher de chá de sal
600 ml / 1 pt / 2½ xícaras de caldo de galinha
15 ml / 1 colher de sopa de farinha de milho (amido de milho)
45 ml / 3 colheres de sopa de água
5 ml / 1 colher de chá de óleo de gergelim

Aqueça o óleo e frite os pedaços de frango até dourar dos dois lados, depois retire da frigideira. Adicione a cebola, o curry em pó e o molho de pimenta e frite por 1 minuto. Adicione o vinho ou o xerez e o sal, misture bem, coloque o frango de volta na panela e misture novamente. Adicione o caldo, deixe ferver e cozinhe por cerca de 30 minutos até que o frango esteja macio. Se o molho não reduzir o suficiente, misture fubá e água em uma pasta, adicione um pouco ao molho e cozinhe, mexendo, até o molho engrossar. Sirva polvilhado com óleo de gergelim.

caril de frango chinês

para 4 pessoas

45 ml / 3 colheres de curry em pó
1 cebola finamente picada
350 g / 12 onças de frango, em cubos
150 ml / ¼ pt / generosa ½ xícara de caldo de galinha
5 ml / 1 colher de chá de sal
10 ml / 2 colheres de chá de farinha de milho (amido de milho)
15 ml / 1 colher de sopa de água

Aqueça o curry e a cebola em uma panela seca por 2 minutos, sacudindo a panela para cobrir a cebola. Adicione o frango e mexa até que o curry esteja bem coberto. Adicione o caldo e o sal, deixe ferver, tampe e cozinhe por cerca de 5 minutos até que o frango esteja macio. Misture o fubá com a água até virar uma pasta, misture na panela e cozinhe, mexendo, até o molho engrossar.

caril de frango rápido

para 4 pessoas

450 g / 1 lb de peito de frango em cubos

45 ml / 3 colheres de sopa de vinho de arroz ou xerez seco

50 g de farinha de milho (milho)

1 clara de ovo

Sal

150 ml / ¼ pt / generosa ½ xícara de óleo de amendoim (amendoim)

15 ml / 1 colher de sopa de caril em pó

10 ml / 2 colheres de chá de açúcar mascavo

150 ml / ¼ pt / generosa ½ xícara de caldo de galinha

Junte os cubos de frango e o xerez. Guarde 10 ml / 2 colheres de chá de fubá. Bata as claras em neve com o restante do fubá e uma pitada de sal e misture com o frango até ficar bem coberto. Aqueça o óleo e frite o frango até dourar. Retire da panela e escorra tudo menos 15 ml / 1 colher de sopa de óleo. Adicione o fubá em conserva, o curry em pó e o açúcar e frite por 1 minuto. Adicione a sopa, deixe ferver e cozinhe, mexendo sempre, até o molho engrossar. Retorne o frango para a panela, mexa e reaqueça antes de servir.

Caril de frango com batatas

para 4 pessoas

45 ml / 3 colheres de sopa de óleo de amendoim (amendoim)
2,5 ml / ½ colher de chá de sal
Esmagar 1 dente de alho
750 g de frango, cortado em cubos
225 g / 8 onças de batatas, em cubos
4 cebolas, cortadas em rodelas
15 ml / 1 colher de sopa de caril em pó
450 ml / ¾ pt / 2 xícaras de caldo de galinha
225 g de cogumelos, cortados às rodelas

Aqueça o óleo com sal e alho, adicione o frango e frite até dourar levemente. Adicione as batatas, as cebolas e o curry em pó e frite por 2 minutos. Adicione o caldo, deixe ferver, tampe e cozinhe por cerca de 20 minutos até o frango ficar macio, mexendo de vez em quando. Adicione os cogumelos, retire a tampa e cozinhe por mais 10 minutos até que o líquido evapore.

pernas de frango frito

para 4 pessoas
2 coxas de frango grandes sem osso
2 cebolinhas
1 fatia de gengibre, socado
120 ml / 4 fl oz / ½ xícara de molho de soja
5 ml / 1 colher de chá de vinho de arroz ou xerez seco
óleo para fritar
5 ml / 1 colher de chá de óleo de gergelim
pimenta moída na hora

Espalhe o frango e circule-o por toda a superfície. Bata 1 cebolinha e pique a outra. Misture cebolinhas esmagadas com gengibre, molho de soja e vinho ou xerez. Despeje sobre o frango e deixe marinar por 30 minutos. Retire e escorra. Coloque em um prato sobre uma grelha para vapor e cozinhe no vapor por 20 minutos.

Aqueça o óleo e frite o frango até dourar por cerca de 5 minutos. Retire do recipiente, escorra bem e corte em fatias grossas, em seguida coloque as fatias em uma travessa quente. Aqueça o óleo de gergelim, acrescente a cebolinha picada e a pimenta, regue o frango e sirva.

Frango assado com molho curry

para 4 pessoas

1 ovo, levemente batido

30 ml / 2 colheres de farinha de milho (amido de milho)

25 g / 1 oz / ¼ xícara de farinha de trigo

2,5 ml / ½ colher de chá de sal

225 g / 8 onças de frango, em cubos

óleo para fritar

30 ml / 2 colheres de sopa de óleo de amendoim

30 ml / 2 colheres de sopa de caril em pó

60 ml / 4 colheres de sopa de vinho de arroz ou xerez seco

Bata o ovo com a maisena, a farinha e o sal até obter uma mistura espessa. Despeje sobre o frango e misture bem para revestir. Aqueça o óleo e frite bem o peito de frango até dourar. Enquanto isso, aqueça o óleo e frite o curry por 1 minuto. Adicione vinho ou xerez e deixe ferver. Coloque o frango em uma assadeira e despeje o molho de curry por cima.

galinha bêbada

para 4 pessoas

450 g / 1 lb de filé de frango, cortado em pedaços

60 ml / 4 colheres de sopa de molho de soja

30 ml / 2 colheres de sopa de molho hoisin

30 ml / 2 colheres de sopa de molho de ameixa

30 ml / 2 colheres de sopa de vinagre de vinho

2 dentes de alho, picados

uma pitada de sal

algumas gotas de óleo de pimenta

2 claras de ovo

60 ml / 4 colheres de sopa de farinha de milho (amido de milho)

óleo para fritar

200 ml / ½ pt / 1¼ xícaras de vinho de arroz ou xerez seco

Coloque o frango em uma tigela. Misture os molhos e vinagre de vinho, alho, sal e óleo de pimenta, despeje sobre o frango e deixe marinar na geladeira por 4 horas. Bata as claras até ficarem firmes e acrescente o amido de milho. Retire o frango da marinada e cubra com a mistura de clara de ovo. Aqueça o óleo e frite o frango até dourar. Escorra bem em papel de cozinha e coloque numa tigela. Despeje vinho ou xerez, tampe e deixe na geladeira por 12 horas. Retire o frango do vinho e sirva frio.

Frango salgado com ovos

para 4 pessoas

30 ml / 2 colheres de sopa de óleo de amendoim

4 pedaços de frango

2 cebolinhas, picadas

Esmagar 1 dente de alho

1 fatia de raiz de gengibre, picada

175 ml / 6 fl oz / ¾ xícara de molho de soja

30 ml / 2 colheres de sopa de vinho de arroz ou xerez seco

30 ml / 2 colheres de sopa de açúcar mascavo

5 ml / 1 colher de chá de sal

375 ml / 13 fl oz / 1 ½ xícaras de água

4 ovos cozidos

15 ml / 1 colher de sopa de farinha de milho (amido de milho)

Aqueça o óleo e frite os pedaços de frango até dourar. Adicione a cebolinha, o alho e o gengibre e frite por 2 minutos. Adicione o molho de soja, vinho ou xerez, açúcar e sal e misture bem. Adicione a água, deixe ferver, tampe e cozinhe por 20 minutos. Adicione os ovos cozidos, tampe e cozinhe por mais 15 minutos. Misture o fubá com um pouco de água, misture ao molho e cozinhe mexendo sempre até o molho clarear e engrossar.

rolo de ovo de galinha

para 4 pessoas

4 cogumelos chineses secos

100 g de frango cortado em tiras

5 ml / 1 colher de chá de farinha de milho (amido de milho)

15 ml / 1 colher de sopa de molho de soja

2,5 ml / ½ colher de chá de sal

2,5 ml / ½ colher de chá de açúcar

60 ml / 4 colheres de sopa de óleo de amendoim

225 g de rebentos de feijão

3 cebolinhas, picadas

100 g / 4 onças de espinafre

12 rolinhos de casca de ovo

1 ovo batido

óleo para fritar

Mergulhe os cogumelos em água morna por 30 minutos e depois filtre. Descarte os talos e corte as pontas. Coloque o frango em uma tigela. Misture a farinha de milho com 5 ml / 1 colher de chá de molho de soja, sal e açúcar e acrescente ao frango. Deixe repousar por 15 minutos. Aqueça metade do óleo e frite o frango até dourar levemente. Escalde os brotos de feijão em água fervente por 3 minutos e depois coe. Aqueça o óleo restante e frite a cebolinha até dourar levemente. Adicione os cogumelos, brotos de feijão, espinafre e o restante do molho de soja. Adicione o frango e frite por 2 minutos. Deixe esfriar. Coloque um pouco de recheio no centro de cada crosta e pincele as bordas com ovo batido. Dobre as laterais, depois enrole os rolinhos, cole as bordas com ovo. Aqueça o óleo,

Frango cozido no vapor com ovo

para 4 pessoas

30 ml / 2 colheres de sopa de óleo de amendoim
4 filés de peito de frango cortados em tiras
1 pimentão vermelho cortado em tiras
1 pimentão verde cortado em tiras
45 ml / 3 colheres de sopa de molho de soja
45 ml / 3 colheres de sopa de vinho de arroz ou xerez seco
250 ml / 8 fl oz / 1 xícara de caldo de galinha
100 g de alface americana picada
5 ml / 1 colher de chá de açúcar mascavo
30 ml / 2 colheres de sopa de molho hoisin
sal pimenta
15 ml / 1 colher de sopa de farinha de milho (amido de milho)
30 ml / 2 colheres de sopa de água
4 ovos
30 ml / 2 colheres de sopa de xerez

Aqueça o óleo e frite o frango e a pimenta até dourar. Adicione o molho de soja, vinho ou xerez e o caldo, deixe ferver, tampe e cozinhe por 30 minutos. Adicione a alface, o açúcar e o molho hoisin e tempere com sal e pimenta. Misture o fubá com a água, misture com o molho e deixe ferver mexendo sempre. Bata os ovos com xerez e asse-os como tortillas finas. Tempere com sal, pimenta e corte em tiras. Leve ao fogo e despeje sobre o frango.

Frango do Extremo Oriente

para 4 pessoas

60 ml / 4 colheres de sopa de óleo de amendoim

450 g / 1 lb frango cortado em pedaços

2 dentes de alho, picados

2,5 ml / ½ colher de chá de sal

2 cebolas finamente picadas

2 talos de gengibre picados

45 ml / 3 colheres de sopa de molho de soja

30 ml / 2 colheres de sopa de molho hoisin

45 ml / 3 colheres de sopa de vinho de arroz ou xerez seco

300 ml / ½ pt / 1 ¼ xícaras de caldo de galinha

5 ml / 1 colher de chá de pimenta moída na hora

6 ovos cozidos picados

15 ml / 1 colher de sopa de farinha de milho (amido de milho)

15 ml / 1 colher de sopa de água

Aqueça o óleo e frite o peito de frango até dourar. Adicione o alho, o sal, a cebola e o gengibre e refogue por 2 minutos. Adicione o molho de soja, molho hoisin, vinho ou xerez, caldo e pimenta. Deixe ferver, tampe e cozinhe por 30 minutos.

Adicione os ovos. Misture a farinha de milho e a água e depois misture ao molho. Deixe ferver e cozinhe, mexendo, até o molho engrossar.

Frango Foo Yung

para 4 pessoas
6 ovos batidos
45 ml / 3 colheres de sopa de farinha de milho (amido de milho)
100 g de cogumelos, picados grosseiramente
225 g de peito de frango cortado em cubos
1 cebola finamente picada
5 ml / 1 colher de chá de sal
45 ml / 3 colheres de sopa de óleo de amendoim (amendoim)

Bata o ovo e depois acrescente o fubá. Adicione todos os outros ingredientes, exceto o óleo. Aqueça o óleo. Despeje a mistura aos poucos na panela de forma que fique aprox. Obtenha panquecas com uma largura de 7,5 cm. Frite até dourar o fundo, depois vire e frite o outro lado também.

Presunto e Frango Foo Yung

para 4 pessoas

6 ovos batidos

45 ml / 3 colheres de sopa de farinha de milho (amido de milho)

100 g / 4 oz presunto, em cubos

225 g de peito de frango cortado em cubos

3 cebolinhas, bem picadas

5 ml / 1 colher de chá de sal

45 ml / 3 colheres de sopa de óleo de amendoim (amendoim)

Bata o ovo e depois acrescente o fubá. Adicione todos os outros ingredientes, exceto o óleo. Aqueça o óleo. Despeje a mistura aos poucos na panela de forma que fique aprox. Obtenha panquecas com uma largura de 7,5 cm. Frite até dourar o fundo, depois vire e frite o outro lado também.

Frango assado com gengibre

para 4 pessoas

1 frango, cortado ao meio
4 fatias de raiz de gengibre moída
30 ml / 2 colheres de sopa de vinho de arroz ou xerez seco
30 ml / 2 colheres de sopa de molho de soja
5 ml / 1 colher de chá de açúcar
óleo para fritar

Coloque o frango em uma tigela rasa. Misture gengibre, vinho ou xerez, molho de soja e açúcar, despeje sobre o frango e esfregue na pele. Deixe marinar por 1 hora. Aqueça o óleo e frite o frango meio a meio até dourar. Retire do óleo e deixe esfriar um pouco enquanto reaquece o óleo. Retorne o frango para a panela e frite até dourar e ficar cozido. Escorra bem antes de servir.

frango com gengibre

para 4 pessoas

225 g de frango, em fatias finas

1 clara de ovo

uma pitada de sal

2,5 ml / ½ colher de chá de farinha de milho (amido de milho)

15 ml / 1 colher de sopa de óleo de amendoim

10 fatias de raiz de gengibre

6 cogumelos, cortados ao meio

1 cenoura fatiada

2 cebolinhas, fatiadas

5 ml / 1 colher de chá de vinho de arroz ou xerez seco

5 ml / 1 colher de chá de água

2,5 ml / ½ colher de chá de óleo de gergelim

Misture o frango com as claras, o sal e o amido de milho. Aqueça metade do óleo e frite o frango até dourar levemente, depois retire da panela. Aqueça o óleo restante e frite o gengibre, cogumelos, cenouras e cebolinhas por 3 minutos. Retorne o frango para a panela com o vinho ou xerez e a água e cozinhe até que o frango esteja macio. Sirva polvilhado com óleo de gergelim.

Frango com gengibre com cogumelos e castanha

para 4 pessoas

60 ml / 4 colheres de sopa de óleo de amendoim
225 g de cebola cortada em rodelas
450 g / 1 lb frango, em cubos
100 g de cogumelos, cortados em rodelas
30 ml / 2 colheres de sopa de farinha de trigo
60 ml / 4 colheres de sopa de molho de soja
10 ml / 2 colheres de chá de açúcar
sal e pimenta moída na hora
900 ml / 1½ pt / 3¾ xícaras de água quente
2 fatias de raiz de gengibre picada
450 g / 1 lb castanhas de água

Aqueça metade do azeite e frite a cebola por 3 minutos, depois retire da panela. Aqueça o óleo restante e frite o frango até dourar levemente.

Adicione os cogumelos e cozinhe por 2 minutos. Polvilhe a mistura com farinha e acrescente o molho de soja, o açúcar, o sal e a pimenta. Despeje sobre a água e o gengibre, a cebola e as castanhas. Deixe ferver, tampe e cozinhe por 20 minutos. Retire a tampa e continue cozinhando em fogo baixo até o molho reduzir.

frango dourado

para 4 pessoas

8 pedaços pequenos de frango
300 ml / ½ pt / 1 ¼ xícaras de caldo de galinha
45 ml / 3 colheres de sopa de molho de soja
15 ml / 1 colher de sopa de vinho de arroz ou xerez seco
5 ml / 1 colher de chá de açúcar
1 raiz de gengibre fatiada, moída

Coloque todos os ingredientes em uma panela grande, deixe ferver, tampe e cozinhe por cerca de 30 minutos até que o frango esteja macio. Retire a tampa e continue cozinhando em fogo baixo até o molho reduzir.

Ensopado de frango marinado Dorado

para 4 pessoas

4 pedaços de frango

300 ml / ½ pt / 1¼ xícaras de molho de soja

óleo para fritar

4 cebolinhas (capulia) cortadas em rodelas grossas

1 fatia de raiz de gengibre, picada

2 pimentões vermelhos, fatiados

cravo anis 3 estrelas

50 g de broto de bambu cortado em tiras

150 ml / 1½ pt / generosa ½ xícara de caldo de galinha

30 ml / 2 colheres de farinha de milho (amido de milho)

60 ml / 4 colheres de sopa de água

5 ml / 1 colher de chá de óleo de gergelim

Corte o frango em pedaços grandes e deixe marinar em molho de soja por 10 minutos. Retire e escorra, deixando o molho de soja de lado. Aqueça o óleo e frite o frango por cerca de 2 minutos até dourar levemente. Retire e escorra. Despeje 30 ml / 2 colheres de sopa de óleo além dele, acrescente a cebolinha, o gengibre, a pimenta e o anis estrelado e frite por 1 minuto. Devolva o frango à panela com os brotos de bambu e o molho de soja e acrescente caldo suficiente para cobrir o frango. Deixe ferver e cozinhe por cerca de 10 minutos até que o frango esteja macio. Retire o frango do molho com uma escumadeira e coloque em um prato aquecido. Coe o molho e volte a colocá-lo na panela. Misture a farinha de milho e a água até obter uma pasta,

Moedas de ouro

para 4 pessoas

4 filés de peito de frango

30 ml / 2 colheres de mel

30 ml / 2 colheres de sopa de vinagre de vinho

30 ml / 2 colheres de sopa de molho de tomate (ketchup)

30 ml / 2 colheres de sopa de molho de soja

uma pitada de sal

2 dentes de alho, picados

5 ml / 1 colher de chá de cinco especiarias em pó

45 ml / 3 colheres de sopa de farinha de trigo (para todos os fins)

2 ovos batidos

5 ml / 1 colher de chá de raiz de gengibre ralada

5 ml / 1 colher de chá de casca de limão ralada

100 g / 4 onças / 1 xícara de farinha de rosca seca

óleo para fritar

Coloque o frango em uma tigela. Misture mel, vinagre de vinho, ketchup, molho de soja, sal, alho e cinco especiarias em pó. Despeje sobre o frango, misture bem, tampe e deixe marinar na geladeira por 12 horas.

Retire o peito de frango da marinada e corte em tiras grossas. Polvilhe com farinha. Bata os ovos, o gengibre e as raspas de limão. Cubra o frango com a mistura e, em seguida, a farinha de rosca até ficar uniformemente revestido. Aqueça o óleo e frite o peito de frango até dourar.

Frango cozido no vapor com presunto

para 4 pessoas

4 porções de frango
100 g / 4 oz presunto defumado, picado
3 cebolinhas, picadas
15 ml / 1 colher de sopa de óleo de amendoim
sal e pimenta moída na hora
15 ml / 1 colher de sopa de salsa plana

Corte os pedaços de frango em pedaços de 5/1 cm e coloque-os num refratário com o presunto e as cebolinhas. Polvilhe com azeite, sal e pimenta e misture cuidadosamente os ingredientes. Coloque a tigela na grelha do vaporizador, tampe e cozinhe em água fervente por cerca de 40 minutos, até que o frango esteja macio. Sirva decorado com salsa.

Frango com molho Hoisin

para 4 pessoas

4 tiras de frango cortadas ao meio
50 g / 2 onças / ½ xícara de farinha de milho (maizena)
óleo para fritar
10 ml / 2 colheres de chá de raiz de gengibre ralada
2 cebolas finamente picadas
225 g / 8 onças floretes de brócolis
1 pimenta vermelha, picada
225 g / 8 onças de cogumelos
250 ml / 8 fl oz / 1 xícara de caldo de galinha
45 ml / 3 colheres de sopa de vinho de arroz ou xerez seco
45 ml / 3 colheres de sopa de vinagre de maçã
45 ml / 3 colheres de sopa de molho hoisin
20 ml / 4 colheres de chá de molho de soja

Cubra os pedaços de frango com metade do fubá. Aqueça o óleo e frite os pedaços de frango um a um por cerca de 8 minutos até dourar e ficar bem cozido. Retire da tigela e escorra em papel de cozinha. Retire tudo menos 30 ml / 2 colheres de sopa de óleo da panela e frite o gengibre por 1 minuto. Adicione a cebola e frite por 1 minuto. Adicione brócolis, pimenta e cogumelos e refogue por 2 minutos. Misture a sopa com o fubá em conserva e os demais ingredientes e acrescente na panela. Deixe ferver, mexendo e cozinhe até que o molho fique claro. Retorne o frango ao wok e cozinhe, mexendo, até aquecer, cerca de 3 minutos.

pintinho de mel

para 4 pessoas

30 ml / 2 colheres de sopa de óleo de amendoim

4 pedaços de frango

30 ml / 2 colheres de sopa de molho de soja

120 ml / 4 fl oz / ½ xícara de vinho de arroz ou xerez seco

30 ml / 2 colheres de mel

5 ml / 1 colher de chá de sal

1 cebolinha (capula), finamente picada

1 fatia de raiz de gengibre, finamente picada

Aqueça o óleo e frite o peito de frango de todos os lados até dourar. Despeje o excesso de óleo. Misture os outros ingredientes e despeje na panela. Deixe ferver, tampe e cozinhe por cerca de 40 minutos até que o frango esteja macio.

frango kung pao

para 4 pessoas

450g/kg de frango, em cubos

1 clara de ovo

5 ml / 1 colher de chá de sal

30 ml / 2 colheres de farinha de milho (amido de milho)

60 ml / 4 colheres de sopa de óleo de amendoim

25 g de pimentão vermelho seco, picado

5 ml / 1 colher de chá de alho picado

15 ml / 1 colher de sopa de molho de soja

15 ml / 1 colher de sopa de vinho de arroz ou xerez seco 5 ml / 1 colher de chá de açúcar

5 ml / 1 colher de chá de vinagre de vinho

5 ml / 1 colher de chá de óleo de gergelim

30 ml / 2 colheres de sopa de água

Coloque o frango em uma tigela com as claras, sal e metade do amido de milho e deixe marinar por 30 minutos. Aqueça o óleo e frite o frango até dourar levemente, depois retire da panela. Aqueça o óleo e frite a pimenta e o alho por 2 minutos. Retorne o frango à panela com o molho de soja, vinho ou xerez, açúcar, vinagre de vinho e óleo de gergelim e cozinhe por 2 minutos. Misture o fubá restante com a água, mexa na panela e cozinhe mexendo até o molho ficar claro e espesso.

frango com alho-poró

para 4 pessoas

30 ml / 2 colheres de sopa de óleo de amendoim
5 ml / 1 colher de chá de sal
225 g / 8 onças de alho-poró, fatiado
1 fatia de raiz de gengibre, picada
225 g de frango, em fatias finas
15 ml / 1 colher de sopa de vinho de arroz ou xerez seco
15 ml / 1 colher de sopa de molho de soja

Aqueça metade do azeite, frite o sal e o alho-poró até dourar e retire da panela. Aqueça o óleo restante e frite o gengibre e o frango até dourar levemente. Adicione o vinho ou xerez e o molho de soja e cozinhe por mais 2 minutos até que o frango esteja macio. Retorne o alho-poró para a panela e mexa até aquecer. Sirva imediatamente.

frango com limão

para 4 pessoas

4 peitos de frango sem osso

2 ovos

50 g / 2 onças / ½ xícara de farinha de milho (maizena)

50 g / 2 onças / ½ xícara de farinha de trigo

150 ml / ¼ pt / generosa ½ xícara de água

óleo de amendoim para fritar

250 ml / 8 fl oz / 1 xícara de caldo de galinha

60 ml / 5 colheres de sopa de suco de limão

30 ml / 2 colheres de sopa de vinho de arroz ou xerez seco

30 ml / 2 colheres de farinha de milho (amido de milho)

30 ml / 2 colheres de sopa de pasta de tomate (massa)

1 salada

Corte cada peito de frango em 4 pedaços. Bata o ovo, o amido de milho e a farinha de trigo, acrescente água suficiente para formar uma massa grossa. Coloque os pedaços de frango na mistura e misture bem. Aqueça o óleo e frite bem o peito de frango até dourar.

Enquanto isso, misture a sopa, o suco de limão, o vinho ou xerez, o amido de milho e o extrato de tomate e leve ao fogo, mexendo com cuidado. Cozinhe em fogo baixo, mexendo sempre, até o molho engrossar e ficar translúcido. Coloque o frango em uma travessa quente sobre uma cama de alface e despeje o molho por cima ou sirva à parte.

Refogue o frango com limão

para 4 pessoas

450g/kg de frango desossado, fatiado
30 ml / 2 colheres de sopa de suco de limão
15 ml / 1 colher de sopa de molho de soja
15 ml / 1 colher de sopa de vinho de arroz ou xerez seco
30 ml / 2 colheres de farinha de milho (amido de milho)
30 ml / 2 colheres de sopa de óleo de amendoim
2,5 ml / ½ colher de chá de sal
2 dentes de alho, picados
50 g de castanha d'água cortada em tiras
50 g de broto de bambu cortado em tiras
Folhas chinesas cortadas em tiras
60 ml / 4 colheres de sopa de caldo de galinha
15 ml / 1 colher de sopa de extrato de tomate (macarrão)
15 ml / 1 colher de sopa de açúcar
15 ml / 1 colher de sopa de suco de limão

Coloque o frango em uma tigela. Misture o suco de limão, molho de soja, vinho ou xerez e 15 ml / 1 colher de fubá, despeje sobre o frango e deixe marinar por 1 hora, virando de vez em quando.

Aqueça o azeite, o sal e o alho até dourar levemente, acrescente o frango e a marinada e cozinhe por cerca de 5 minutos até o frango dourar levemente. Adicione as castanhas d'água, brotos de bambu e folhas chinesas e cozinhe por mais 3 minutos ou até que o frango esteja macio. Adicione os outros ingredientes e cozinhe por cerca de 3 minutos, até o molho ficar claro e espesso.

Fígado de galinha com brotos de bambu

para 4 pessoas

225 g / 8 onças de fígado de galinha, em fatias grossas
45 ml / 3 colheres de sopa de vinho de arroz ou xerez seco
45 ml / 3 colheres de sopa de óleo de amendoim (amendoim)
15 ml / 1 colher de sopa de molho de soja
100 g de broto de bambu cortado em tiras
100 g / 4 oz castanhas d'água, fatiadas
60 ml / 4 colheres de sopa de caldo de galinha
sal e pimenta moída na hora

Misture o fígado de galinha com vinho ou xerez e deixe repousar por 30 minutos. Aqueça o óleo e frite o fígado de frango até dourar levemente. Adicione a marinada, o molho de soja, os rebentos de bambu, as castanhas de água e o caldo. Ferva e tempere com sal e pimenta. Cubra e cozinhe por cerca de 10 minutos até ficar macio.

fígado de frango frito

para 4 pessoas

450g/1lb de fígado de galinha, cortado ao meio
50 g / 2 onças / ½ xícara de farinha de milho (maizena)
óleo para fritar

Seque os fígados de frango, polvilhe-os com fubá e sacuda o excesso. Aqueça o óleo e frite os fígados de frango por alguns minutos até dourar e dourar. Escorra em papel de cozinha antes de servir.

Fígado de Frango com Mangetout

para 4 pessoas

225 g / 8 onças de fígado de galinha, em fatias grossas
10 ml / 2 colheres de chá de farinha de milho (amido de milho)
10 ml / 2 colheres de chá de vinho de arroz ou xerez seco
15 ml / 1 colher de sopa de molho de soja
45 ml / 3 colheres de sopa de óleo de amendoim (amendoim)
2,5 ml / ½ colher de chá de sal
2 fatias de raiz de gengibre picada
100 g de ervilha de açúcar
10 ml / 2 colheres de chá de farinha de milho (amido de milho)
60 ml / 4 colheres de sopa de água

Coloque os fígados de frango em uma tigela. Adicione a farinha de milho, vinho ou xerez e molho de soja e misture bem para cobrir. Aqueça metade do óleo e frite o sal e o gengibre até dourar levemente. Adicione as ervilhas-de-cheiro e frite até que o óleo esteja bem coberto, depois retire da panela. Aqueça o óleo restante e frite bem o fígado de galinha por 5 minutos. Misture o fubá e a água em uma pasta, misture na panela e cozinhe, mexendo, até o molho clarear e engrossar. Retorne o mangetout para a panela e refogue até aquecer.

Macarrão de fígado de galinha com panquecas

para 4 pessoas

30 ml / 2 colheres de sopa de óleo de amendoim
1 cebola finamente picada
450g/1lb de fígado de galinha, cortado ao meio
2 talos de aipo, fatiados
120 ml / 4 fl oz / ½ xícara de caldo de galinha
15 ml / 1 colher de sopa de farinha de milho (amido de milho)
15 ml / 1 colher de sopa de molho de soja
30 ml / 2 colheres de sopa de água
panquecas de massa

Aqueça o azeite e refogue a cebola até ficar macia. Adicione os fígados de frango e frite até ficarem coloridos. Adicione o aipo e frite por 1 minuto. Adicione a sopa, deixe ferver, tampe e cozinhe por 5 minutos. Misture o fubá, o molho de soja e a água até virar uma pasta, misture na panela e cozinhe, mexendo, até o molho clarear e engrossar. Despeje a mistura sobre a massa de panqueca e sirva.

Fígado de Frango com Molho de Ostra

para 4 pessoas

45 ml / 3 colheres de sopa de óleo de amendoim (amendoim)

1 cebola finamente picada

225 g / 8 oz fígados de frango, cortados ao meio

100 g de cogumelos, cortados em rodelas

30 ml / 2 colheres de sopa de molho de ostra

15 ml / 1 colher de sopa de molho de soja

15 ml / 1 colher de sopa de vinho de arroz ou xerez seco

120 ml / 4 fl oz / ½ xícara de caldo de galinha

5 ml / 1 colher de chá de açúcar

15 ml / 1 colher de sopa de farinha de milho (amido de milho)

45 ml / 3 colheres de sopa de água

Aqueça metade do azeite e refogue a cebola até ficar macia. Adicione o fígado de galinha e frite até dourar. Adicione os cogumelos e frite por 2 minutos. Misture o molho de ostra, molho de soja, vinho ou xerez, caldo e açúcar, despeje na panela e deixe ferver mexendo sempre. Misture o fubá com a água até formar uma pasta, acrescente à panela e cozinhe mexendo sempre até o molho ficar claro e espesso e o fígado macio.

Fígado de Frango com Abacaxi

para 4 pessoas

225 g / 8 oz fígados de frango, cortados ao meio

45 ml / 3 colheres de sopa de óleo de amendoim (amendoim)

30 ml / 2 colheres de sopa de molho de soja

15 ml / 1 colher de sopa de farinha de milho (amido de milho)

15 ml / 1 colher de sopa de açúcar

15 ml / 1 colher de sopa de vinagre de vinho

sal e pimenta moída na hora

100 g / 4 oz pedaços de abacaxi

60 ml / 4 colheres de sopa de caldo de galinha

Escalde os fígados de frango em água fervente por 30 segundos e depois escorra. Aqueça o óleo e frite o fígado de frango por 30 segundos. Misture o molho de soja, fubá, açúcar, vinagre de vinho, sal e pimenta, despeje na panela e misture bem para cobrir os fígados de frango. Adicione os pedaços de abacaxi e o caldo e cozinhe por cerca de 3 minutos até o fígado ficar macio.

Fígado de galinha agridoce

para 4 pessoas

30 ml / 2 colheres de sopa de óleo de amendoim
450 g / 1 lb de fígado de galinha, esquartejado
2 pimentões verdes, em cubos
4 fatias de abacaxi em conserva, cortadas em cubos
60 ml / 4 colheres de sopa de caldo de galinha
30 ml / 2 colheres de farinha de milho (amido de milho)
10 ml / 2 colheres de chá de molho de soja
100 g / 4 onças / ½ xícara de açúcar
120 ml / 4 fl oz / ½ xícara de vinagre de vinho
120 ml / 4 fl oz / ½ xícara de água

Aqueça o óleo e frite os fígados até dourar levemente, depois coloque-os em um prato quente. Adicione os pimentões à panela e frite-os por 3 minutos. Adicione o abacaxi e o caldo, deixe ferver, tampe e cozinhe por 15 minutos. Misture o restante dos ingredientes em uma pasta, misture na panela e cozinhe mexendo até o molho engrossar. Despeje sobre os fígados de frango e sirva.

frango com lichia

para 4 pessoas

3 peitos de frango

60 ml / 4 colheres de sopa de farinha de milho (amido de milho)

45 ml / 3 colheres de sopa de óleo de amendoim (amendoim)

5 cebolinhas, fatiadas

1 pimenta vermelha, em cubos

120 ml / 4 fl oz / ½ xícara de molho de tomate

120 ml / 4 fl oz / ½ xícara de caldo de galinha

5 ml / 1 colher de chá de açúcar

275 g / 10 onças de lichias descascadas

Corte o peito de frango ao meio, retire e descarte os ossos e a pele. Corte cada peito em 6 pedaços. Economize 5 ml / 1 colher de chá de fubá e misture o frango no restante até ficar bem coberto. Aqueça o óleo e frite o frango até dourar, cerca de 8 minutos. Adicione a cebolinha e a pimenta e frite por 1 minuto. Misture o molho de tomate, metade do caldo e o açúcar, depois misture com as lichias na wok. Deixe ferver, tampe e cozinhe por cerca de 10 minutos até que o frango esteja macio. Misture a farinha de milho e o caldo reservados e, em seguida, misture na panela. Cozinhe em fogo baixo, mexendo, até o molho clarear e engrossar.

Frango com molho de lichia

para 4 pessoas
225 g / 8 onças de frango
1 cebolinha (cebolinha)
4 castanhas d'água
30 ml / 2 colheres de farinha de milho (amido de milho)
45 ml / 3 colheres de sopa de molho de soja
30 ml / 2 colheres de sopa de vinho de arroz ou xerez seco
2 claras de ovo
óleo para fritar
400 g / 14 oz lata em xarope de lichia
5 colheres de sopa de caldo de galinha

Rale (moa) o frango com cebolinha e castanha d'água. Misture metade do amido de milho, 30 ml / 2 colheres de sopa de molho de soja, vinho ou xerez e clara de ovo. Modele a mistura em bolas do tamanho de nozes. Aqueça o óleo e frite o peito de frango até dourar. Escorra em uma toalha de papel.

Enquanto isso, aqueça cuidadosamente a calda de lichia com a sopa e o molho de soja. Misture o fubá restante com um pouco de água, coloque na panela e cozinhe mexendo até o molho ficar claro e engrossar. Adicione as lichias e deixe ferver em fogo baixo. Coloque o peito de frango em um prato aquecido, cubra com lichia e molho e sirva imediatamente.

Frango com manjericão

para 4 pessoas

225 g de frango, em fatias finas
5 ml / 1 colher de chá de farinha de milho (amido de milho)
5 ml / 1 colher de chá de vinho de arroz ou xerez seco
5 ml / 1 colher de chá de óleo de gergelim
1 clara de ovo, levemente batida
45 ml / 3 colheres de sopa de óleo de amendoim (amendoim)
Esmagar 1 dente de alho
1 fatia de raiz de gengibre, picada
100 g de ervilha de açúcar
120 ml / 4 fl oz / ½ xícara de caldo de galinha
sal e pimenta moída na hora

Misture o frango com amido de milho, vinho ou xerez, óleo de gergelim e clara de ovo. Aqueça metade do óleo e frite o alho e o gengibre até dourar levemente. Adicione o frango e frite até dourar, depois retire da panela. Aqueça o óleo restante e frite as ervilhas-de-cheiro por 2 minutos. Adicione a sopa, deixe ferver, tampe e cozinhe por 2 minutos. Volte o frango para a panela e tempere com sal e pimenta. Cozinhe em fogo baixo até aquecer.

frango com manga

para 4 pessoas

100 g / 4 onças / 1 xícara de farinha de trigo
250 ml / 8 onças fluidas / 1 xícara de água
2,5 ml / ½ colher de chá de sal
uma pitada de fermento em pó
3 peitos de frango
óleo para fritar
1 fatia de raiz de gengibre, picada
150 ml / ¼ pt / generosa ½ xícara de caldo de galinha
45 ml / 3 colheres de sopa de vinagre de vinho
45 ml / 3 colheres de sopa de vinho de arroz ou xerez seco
20 ml / 4 colheres de chá de molho de soja
10 ml / 2 colheres de chá de açúcar
10 ml / 2 colheres de chá de farinha de milho (amido de milho)
5 ml / 1 colher de chá de óleo de gergelim
5 cebolinhas, fatiadas
400 g de manga em conserva, escorrida e cortada em tiras

Misture a farinha, a água, o sal e o fermento. Deixe repousar por 15 minutos. Retire e descarte a pele e os ossos do frango. Corte o frango em tiras finas. Misture-os com a mistura de farinha. Aqueça o óleo e frite o frango até dourar por cerca de 5 minutos. Retire da tigela e escorra em papel de cozinha. Retire tudo menos 15 ml/1 colher de sopa de óleo da wok e frite o gengibre até dourar levemente. Misture a sopa com vinho, vinagre de vinho ou xerez, molho de soja, açúcar, fubá e óleo de gergelim. Coloque em uma panela e leve ao fogo mexendo sempre. Adicione a cebolinha e refogue por 3 minutos. Adicione o frango e a manga e refogue por 2 minutos.

Melão recheado com frango

para 4 pessoas

350 g / 12 onças de frango
6 castanhas d'água
2 vieiras na casca
4 fatias de raiz de gengibre
5 ml / 1 colher de chá de sal
15 ml / 1 colher de sopa de molho de soja
600 ml / 1 pt / 2½ xícaras de caldo de galinha
8 melões pequenos ou 4 médios

Pique o frango, as castanhas, as vieiras e o gengibre em pedaços pequenos e misture com sal, molho de soja e caldo. Corte a parte superior do melão, retire as sementes. Arquive as bordas superiores. Recheie os melões com a mistura de frango e coloque-os na grelha do vaporizador. Cozinhe em água fervente por 40 minutos até o frango ficar macio.

Frango assado e cogumelos

para 4 pessoas

45 ml / 3 colheres de sopa de óleo de amendoim (amendoim)
Esmagar 1 dente de alho
1 cebolinha (capula), finamente picada
1 fatia de raiz de gengibre, picada
225 g de peito de frango cortado em fatias
225 g / 8 onças de cogumelos
45 ml / 3 colheres de sopa de molho de soja
15 ml / 1 colher de sopa de vinho de arroz ou xerez seco
5 ml / 1 colher de chá de farinha de milho (amido de milho)

Aqueça o azeite e frite o alho, a cebolinha e o gengibre até dourar levemente. Adicione o frango e frite por 5 minutos. Adicione os cogumelos e frite-os por 3 minutos. Adicione o molho de soja, vinho ou xerez e grãos de milho e cozinhe por cerca de 5 minutos até que o frango esteja macio.

Frango com cogumelos e amendoim

para 4 pessoas

30 ml / 2 colheres de sopa de óleo de amendoim
2 dentes de alho, picados
1 fatia de raiz de gengibre, picada
450g/kg de frango desossado, em cubos
225 g / 8 onças de cogumelos
100 g de broto de bambu cortado em tiras
1 pimentão verde, em cubos
1 pimentão vermelho cortado em cubos
250 ml / 8 fl oz / 1 xícara de caldo de galinha
30 ml / 2 colheres de sopa de vinho de arroz ou xerez seco
15 ml / 1 colher de sopa de molho de soja
15 ml / 1 colher de sopa de molho Tabasco
30 ml / 2 colheres de farinha de milho (amido de milho)
30 ml / 2 colheres de sopa de água

Aqueça o azeite, o alho e o gengibre até dourar levemente o alho. Adicione o frango e frite até dourar levemente. Adicione os cogumelos, brotos de bambu e páprica e frite por 3 minutos. Adicione o caldo, vinho ou xerez, molho de soja e molho Tabasco e deixe ferver, mexendo. Cubra e cozinhe por cerca de 10 minutos até que o frango esteja macio. Misture o fubá e a água, depois misture com o molho. Cozinhe mexendo até o molho clarear e engrossar, se o molho estiver muito grosso, acrescente um pouco mais de caldo ou água.

Frango assado com cogumelos

para 4 pessoas

6 cogumelos chineses secos

1 peito de frango, em fatias finas

1 fatia de raiz de gengibre, picada

2 cebolinhas, picadas

15 ml / 1 colher de sopa de farinha de milho (amido de milho)

15 ml / 1 colher de sopa de vinho de arroz ou xerez seco

30 ml / 2 colheres de sopa de água

2,5 ml / ½ colher de chá de sal

45 ml / 3 colheres de sopa de óleo de amendoim (amendoim)

225 g de cogumelos, cortados às rodelas

100 g de broto de feijão

15 ml / 1 colher de sopa de molho de soja

5 ml / 1 colher de chá de açúcar

120 ml / 4 fl oz / ½ xícara de caldo de galinha

Mergulhe os cogumelos em água morna por 30 minutos e depois filtre. Descarte os talos e corte as pontas. Coloque o frango em uma tigela. Misture gengibre, cebolinha, amido de milho, vinho ou xerez, água e sal, adicione ao frango e deixe descansar por 1 hora. Aqueça metade do óleo e frite o frango até dourar levemente, depois retire da panela. Aqueça o óleo restante e frite os cogumelos secos e frescos e os brotos de feijão por 3 minutos. Adicione o molho de soja, o açúcar e o caldo, deixe ferver, tampe e cozinhe por 4 minutos até que os legumes estejam macios. Retorne o frango à panela, misture bem e reaqueça delicadamente antes de servir.

Frango ao vapor com cogumelos

para 4 pessoas

4 pedaços de frango

30 ml / 2 colheres de farinha de milho (amido de milho)

30 ml / 2 colheres de sopa de molho de soja

3 cebolinhas, picadas

2 fatias de raiz de gengibre, moídas

2,5 ml / ½ colher de chá de sal

100 g de cogumelos, cortados em rodelas

Corte os pedaços de frango em pedaços de 5 cm e coloque-os em um refratário. Misture o fubá e o molho de soja em uma pasta, acrescente a cebolinha, o gengibre e o sal e misture bem com o frango. Misture cuidadosamente os cogumelos. Coloque a tigela na grade do vaporizador, tampe e cozinhe em água fervente por cerca de 35 minutos, até que o frango esteja macio.

frango com cebola

para 4 pessoas

60 ml / 4 colheres de sopa de óleo de amendoim

2 cebolas finamente picadas

450g/kg de frango, fatiado

30 ml / 2 colheres de sopa de vinho de arroz ou xerez seco

250 ml / 8 fl oz / 1 xícara de caldo de galinha

45 ml / 3 colheres de sopa de molho de soja

30 ml / 2 colheres de farinha de milho (amido de milho)

45 ml / 3 colheres de sopa de água

Aqueça o óleo e frite levemente a cebola. Adicione o frango e frite até dourar levemente. Adicione vinho ou xerez, caldo e molho de soja, deixe ferver, tampe e cozinhe por 25 minutos até que o frango esteja macio. Misture o fubá e a água em uma pasta, misture na panela e cozinhe, mexendo, até o molho clarear e engrossar.

Frango com laranja e limão

para 4 pessoas

350g/1lb de frango, cortado em tiras
30 ml / 2 colheres de sopa de óleo de amendoim
2 dentes de alho, picados
2 fatias de raiz de gengibre picada
casca ralada de meia laranja
raspas de meio limão
45 ml / 3 colheres de sopa de suco de laranja
45 ml / 3 colheres de sopa de suco de limão
15 ml / 1 colher de sopa de molho de soja
3 cebolinhas, picadas
15 ml / 1 colher de sopa de farinha de milho (amido de milho)
45 ml / 1 colher de sopa de água

Escalde o frango em água fervente por 30 segundos e depois escorra. Aqueça o óleo e frite o alho e o gengibre por 30 segundos. Adicione as raspas e o suco da laranja e do limão, o molho de soja e a cebolinha e frite por 2 minutos. Adicione o frango e refogue por alguns minutos até que o frango esteja macio. Misture o fubá com a água até virar uma pasta, misture na panela e cozinhe, mexendo, até o molho engrossar.

Frango com molho de ostra

para 4 pessoas

30 ml / 2 colheres de sopa de óleo de amendoim
Esmagar 1 dente de alho
1 fatia de gengibre, finamente picado
450g/kg de frango, fatiado
250 ml / 8 fl oz / 1 xícara de caldo de galinha
30 ml / 2 colheres de sopa de molho de ostra
15 ml / 1 colher de sopa de vinho de arroz ou xerez
5 ml / 1 colher de chá de açúcar

Aqueça o óleo com o alho e o gengibre e frite até dourar levemente. Adicione o frango e cozinhe até dourar levemente, cerca de 3 minutos. Adicione o caldo, o molho de ostras, o vinho ou xerez e o açúcar, deixe ferver, mexendo, tampe e deixe cozinhar por cerca de 15 minutos, mexendo de vez em quando, até o frango ficar macio. Retire a tampa e continue a cozinhar, mexendo, até o molho amolecer e engrossar, cerca de 4 minutos.

pacotes de frango

para 4 pessoas

225 g / 8 onças de frango
30 ml / 2 colheres de sopa de vinho de arroz ou xerez seco
30 ml / 2 colheres de sopa de molho de soja
papel manteiga ou pergaminho
30 ml / 2 colheres de sopa de óleo de amendoim
óleo para fritar

Corte o frango em cubos de 5/2 cm, misture o vinho ou xerez e o molho de soja, despeje sobre o frango e misture bem. Cubra e deixe descansar por 1 hora, mexendo ocasionalmente. Corte o papel em quadrados de 10 cm e unte com óleo. Escorra bem o frango. Coloque uma folha de papel na superfície de trabalho com um canto voltado para você. Coloque um pedaço de frango em um quadrado abaixo do centro, dobre o canto inferior e dobre novamente para fechar o frango. Dobre as laterais e, em seguida, dobre o canto superior para prender o pacote. Aqueça o óleo e frite os saquinhos de frango por cerca de 5 minutos, até ficarem macios. Servimos quente em pacotes para os convidados compartilharem.

frango com avelã

para 4 pessoas

225 g de frango, em fatias finas
1 clara de ovo, levemente batida
10 ml / 2 colheres de chá de farinha de milho (amido de milho)
45 ml / 3 colheres de sopa de óleo de amendoim (amendoim)
Esmagar 1 dente de alho
1 fatia de raiz de gengibre, picada
2 alhos-porós, finamente picados
30 ml / 2 colheres de sopa de molho de soja
15 ml / 1 colher de sopa de vinho de arroz ou xerez seco
100 g / 4 onças de amendoim torrado

Misture o frango com as claras e o amido de milho até ficar bem coberto. Aqueça metade do óleo e frite o frango até dourar, depois retire da panela. Aqueça o óleo restante e frite com alho e gengibre até ficar macio. Adicione o alho-poró e frite até dourar levemente. Adicione o molho de soja e vinho ou xerez e cozinhe por 3 minutos. Retorne o frango para a panela com o amendoim e refogue até aquecer.

Frango Manteiga De Amendoim

para 4 pessoas

4 peitos de frango, cortados em cubos
sal e pimenta moída na hora
5 ml / 1 colher de chá de cinco especiarias em pó
45 ml / 3 colheres de sopa de óleo de amendoim (amendoim)
1 cebola cortada em cubos
2 cenouras em cubos
1 talo de aipo, em cubos
300 ml / ½ pt / 1 ¼ xícaras de caldo de galinha
10 ml / 2 colheres de chá de pasta de tomate (massa)
100 g / 4 onças de manteiga de amendoim
15 ml / 1 colher de sopa de molho de soja
10 ml / 2 colheres de chá de farinha de milho (amido de milho)
uma pitada de açúcar mascavo
15 ml / 1 colher de sopa de cebolinha picada

Tempere o frango com sal, pimenta e cinco especiarias em pó. Aqueça o óleo e frite o frango até ficar macio. Retire da tigela. Adicione os legumes e frite até ficarem macios, mas ainda crocantes. Misture a sopa com os demais ingredientes, menos a cebolinha, misture na panela e leve ao fogo. Volte o frango para a panela e mexa novamente. Sirva polvilhado com açúcar.

frango com ervilha

para 4 pessoas

60 ml / 4 colheres de sopa de óleo de amendoim
1 cebola finamente picada
450g/kg de frango, em cubos
sal e pimenta moída na hora
100 g de ervilha
2 talos de aipo picados
100 g de cogumelos finamente picados
250 ml / 8 fl oz / 1 xícara de caldo de galinha
15 ml / 1 colher de sopa de farinha de milho (amido de milho)
15 ml / 1 colher de sopa de molho de soja
60 ml / 4 colheres de sopa de água

Aqueça o óleo e frite levemente a cebola. Adicione o frango e cozinhe até dourar. Tempere com sal e pimenta, junte as ervilhas, o aipo e os cogumelos e misture bem. Adicione a sopa, deixe ferver, tampe e cozinhe por 15 minutos. Misture o fubá, o molho de soja e a água até virar uma pasta, misture na panela e cozinhe, mexendo, até o molho clarear e engrossar.

frango a pequim

para 4 pessoas

4 porções de frango
sal e pimenta moída na hora
5 ml / 1 colher de chá de açúcar
1 cebolinha (capula), finamente picada
1 fatia de raiz de gengibre, picada
15 ml / 1 colher de sopa de molho de soja
15 ml / 1 colher de sopa de vinho de arroz ou xerez seco
15 ml / 1 colher de sopa de farinha de milho (amido de milho)
óleo para fritar

Coloque os pedaços de frango em uma tigela rasa e polvilhe com sal e pimenta. Misture açúcar, cebolinha, gengibre, molho de soja e vinho ou xerez, cubra o frango, tampe e deixe marinar por 3 horas. Escorra o frango e polvilhe com fubá. Aqueça o óleo e frite bem o peito de frango até dourar. Escorra bem antes de servir.

frango com páprica

para 4 pessoas

60 ml / 4 colheres de sopa de molho de soja

45 ml / 3 colheres de sopa de vinho de arroz ou xerez seco

45 ml / 3 colheres de sopa de farinha de milho (amido de milho)

450 g / 1 lb de frango, finamente picado (picado)

60 ml / 4 colheres de sopa de óleo de amendoim

2,5 ml / ½ colher de chá de sal

2 dentes de alho, picados

2 pimentões vermelhos picados

1 pimentão verde, em cubos

5 ml / 1 colher de chá de açúcar

300 ml / ½ pt / 1 ¼ xícaras de caldo de galinha

Misture metade do molho de soja, metade do vinho ou xerez e metade do amido de milho. Despeje sobre o frango, misture bem e deixe marinar por pelo menos 1 hora. Aqueça metade do azeite com sal e alho até o alho ficar dourado. Adicione o frango e a marinada e cozinhe por cerca de 4 minutos, até o frango ficar branco, depois retire da panela. Despeje o óleo restante na panela e frite os pimentões por 2 minutos. Adicione o açúcar à panela com o restante molho de soja, vinho ou xerez e fubá e misture bem. Adicione a sopa, deixe ferver e cozinhe, mexendo, até o molho engrossar. Retorne o frango para a panela, tampe e cozinhe por 4 minutos, até que o frango esteja macio.

Frango assado com páprica

para 4 pessoas

1 peito de frango, em fatias finas
2 fatias de raiz de gengibre picada
2 cebolinhas, picadas
15 ml / 1 colher de sopa de farinha de milho (amido de milho)
30 ml / 2 colheres de sopa de vinho de arroz ou xerez seco
30 ml / 2 colheres de sopa de água
2,5 ml / ½ colher de chá de sal
45 ml / 3 colheres de sopa de óleo de amendoim (amendoim)
100 g / 4 oz castanhas d'água, fatiadas
1 pimentão vermelho cortado em tiras
1 pimentão verde cortado em tiras
1 pimentão amarelo cortado em tiras
30 ml / 2 colheres de sopa de molho de soja
120 ml / 4 fl oz / ½ xícara de caldo de galinha

Coloque o frango em uma tigela. Misture gengibre, cebolinha, amido de milho, vinho ou xerez, água e sal, adicione ao frango e deixe descansar por 1 hora. Aqueça metade do óleo e frite o frango até dourar levemente, depois retire da panela. Aqueça o óleo restante e frite as castanhas d'água e a pimenta por 2 minutos. Adicione o molho de soja e o caldo, deixe ferver, tampe e cozinhe por 5 minutos até que os legumes estejam macios. Retorne o frango à panela, misture bem e reaqueça delicadamente antes de servir.

frango e abacaxi

para 4 pessoas

30 ml / 2 colheres de sopa de óleo de amendoim
5 ml / 1 colher de chá de sal
2 dentes de alho, picados
450g/kg de frango desossado, em fatias finas
2 cebolas finamente picadas
100 g / 4 oz castanhas d'água, fatiadas
100 g / 4 oz pedaços de abacaxi
30 ml / 2 colheres de sopa de vinho de arroz ou xerez seco
450 ml / ¾ pt / 2 xícaras de caldo de galinha
5 ml / 1 colher de chá de açúcar
pimenta moída na hora
30 ml / 2 colheres de sopa de suco de abacaxi
30 ml / 2 colheres de sopa de molho de soja
30 ml / 2 colheres de farinha de milho (amido de milho)

Aqueça o azeite, o sal e o alho até o alho dourar. Adicione o frango e frite por 2 minutos. Adicione a cebola, as castanhas d'água e o abacaxi e refogue por 2 minutos. Adicione vinho ou xerez, caldo e açúcar e tempere com pimenta. Deixe ferver, tampe e cozinhe por 5 minutos. Misture o suco de abacaxi, o molho de soja e o fubá. Mexa na panela e cozinhe em fogo baixo até o molho engrossar e ficar translúcido.

Frango com abacaxi e lichia

para 4 pessoas
30 ml / 2 colheres de sopa de óleo de amendoim
225 g de frango, em fatias finas
1 fatia de raiz de gengibre, picada
15 ml / 1 colher de sopa de molho de soja
15 ml / 1 colher de sopa de vinho de arroz ou xerez seco
200 g / 7 oz pedaços de abacaxi enlatados em calda
200 g / 7 oz lata em xarope de lichia
15 ml / 1 colher de sopa de farinha de milho (amido de milho)

Aqueça o óleo e frite o frango até dourar. Adicione o molho de soja e vinho ou xerez e misture bem. Meça 250 ml/8 fl oz/1 xícara de mistura de xarope de abacaxi e lichia, reservando 30 ml/2 colheres de sopa. Adicione o restante à panela, deixe ferver e cozinhe por alguns minutos até que o frango esteja macio. Adicione pedaços de abacaxi e lichia. Misture a farinha de milho com a calda que você guardou, misture na panela e cozinhe mexendo até o molho clarear e engrossar.

Frango com carne de porco

para 4 pessoas

1 peito de frango, em fatias finas
100 g / 4 onças de carne de porco magra, em fatias finas
60 ml / 4 colheres de sopa de molho de soja
15 ml / 1 colher de sopa de farinha de milho (amido de milho)
1 clara de ovo
45 ml / 3 colheres de sopa de óleo de amendoim (amendoim)
3 fatias de raiz de gengibre picada
50 g de broto de bambu cortado em tiras
225 g de cogumelos, cortados às rodelas
225 g de folhas chinesas raladas
120 ml / 4 fl oz / ½ xícara de caldo de galinha
30 ml / 2 colheres de sopa de água

Misture o frango e a carne de porco. Misture o molho de soja, 5ml/1 colher de chá de farinha de milho e clara de ovo, depois acrescente o frango e a carne de porco. Deixe repousar por 30 minutos. Aqueça metade do óleo e frite o frango e a carne de porco até dourar levemente, depois retire da panela. Aqueça o óleo restante e frite o gengibre, brotos de bambu, cogumelos e folhas chinesas até que o óleo esteja bem revestido. Adicione o caldo e deixe ferver. Retorne a mistura de frango para a panela, tampe e cozinhe por cerca de 3 minutos até que a carne esteja macia. Misture o fubá restante com a água até virar uma pasta, misture ao molho e cozinhe, mexendo, até o molho engrossar. Sirva imediatamente.

Ovos estufados com presunto e peixe

Para 4-6 porções

6 ovos separados

225 g de bacalhau moído

375 ml / 13 fl oz / 1 ½ xícaras de água morna

uma pitada de sal

50 g / 2 onças de presunto defumado picado

15 ml / 1 colher de sopa de óleo de amendoim

raminhos de salsa plana

Misture as claras com o peixe, metade da água e um pouco de sal e despeje em um prato raso e refratário. Misture as gemas com a restante água, o fiambre e um pouco de sal e deite sobre a mistura das claras. Coloque a tigela em uma grelha para vapor, tampe e cozinhe em água fervente por cerca de 20 minutos, até que os ovos estejam firmes. Aqueça o azeite até ferver, regue com os ovos e sirva decorado com salsa.

Ovos estufados com carne de porco

para 4 pessoas

45 ml / 3 colheres de sopa de óleo de amendoim (amendoim)
225 g / 8 onças de carne de porco magra, moída
100 g de castanhas d'água picadas finamente (moídas)
1 cebolinha (capula), finamente picada
30 ml / 2 colheres de sopa de molho de soja
5 ml / 1 colher de chá de sal
120 ml / 4 fl oz / ½ xícara de caldo de galinha
4 ovos, ligeiramente batidos

Aqueça o óleo e frite a carne de porco, as castanhas d'água e as cebolinhas até ficarem leves. Adicione o molho de soja e o sal, escorra o excesso de óleo e despeje em um refratário raso. Aqueça a sopa, misture com o ovo e despeje sobre a mistura de carne. Coloque o prato em uma grade para vapor, tampe e cozinhe em água fervente por cerca de 30 minutos até que os ovos estejam firmes.

www.ingramcontent.com/pod-product-compliance
Lightning Source LLC
Chambersburg PA
CBHW070408120526
44590CB00014B/1307